XXIX. F

26.3

Tache d'encre Bleue
Australie ... 18 ... 64

ITA · HOMINIS
PEBECRINATIO ·
EST ·
RELATIONS · HISTORIQVES ·

# RELATIONS HISTORIQVES ET CVRIEVSES DE VOYAGES,

En Allemagne, Angleterre, Hollande, Boheme, Suiſſe, &c.

## Par CHARLES PATIN.

Docteur Medecin de la Faculté de Paris.

A LYON,

CHEZ CLAVDE MVGVET,

ruë Merciere, au bon Paſteur.

M. DC. LXXIV.

Avec Permiſſion des Superieurs.

Non quis fronti honos decor oris lumina mentis.
Sint ea Principibus tua placuere rogat
Hic lege fata æquis nondit est tibi dignus, iniquo
Terre potens Sed quæ Hc mihi Phœbe, manent
JER. FESCHIVS.

# A MESSIRE
# MATTHIEV
# DE SEVE,

Baron de Flecheres , de S. André , du
Coing , Limonés, Vilette & Grelon-
gue , Conseiller du Roy en ses Conseils d'Etat & Privé , President &
Lieutenant General en la Seneschauf-
sée & Siege Presidial de Lyon.

MONSIEVR ,
Il y a tres - long-tems que je cherche

une occasion favorable, de vous donner quelque témoignage public de mes
respects. Elle se présente si heureusement selon mes desirs, que je serois une
extreme violence à mon inclination, si
je la laissois passer sans vous dire combien je vous honore. Ie sçay bien,
MONSIEVR, que les mediocres
hommages offensent bien souvent les
grandes vertus; & que je suis trop peu
de chose pour oser presumer qu'un Magistrat de vostre merite considere mes
respects. Mais comme je connois que
vostre generosité n'est pas la moindre
de vos qualitez extraordinaires, je me
flate que vous ne des-approuverez, ni
mon zele ni mon present. Pour ce zele,
MONSIEVR, je vous assure qu'il est
tout à fait ardent, & que ie m'estime-
rois tres-heureux de pouvoir faire connoître à toute la terre ces talens subli-
mes que vous possedez, que nous ad-
mirons & qui forment si bien en vôtre

personne, & l'honéte Homme & le par-
fait Magistrat. Ce n'est pas que vôtre
merite, qui se fait de si justes estima-
teurs dans le monde, ne soit connu
assez loin; mais il n'y a personne qui
en soit si bien persuadé que ceux qui
vous frequentent en cette ville, qui ont
l'avantage de vous approcher, & qui
trouvent en vous un Iuge équitable,
un ame fidele, un protecteur bien-fai-
sant, aymé & admiré de chacun dans
le public, & incomparable dans le particulier. Aussi les uns vantent un
esprit vif, penetrant & subtil: les autres cherissent une grande generosité,
une noble douceur, une cordialité charmante, une honéteté qui ravit le cœur,
& vous avoüent ingenument & de
bonne foy, que soit qu'on vous regarde
dans le Cabinet, soit qu'on vous voye
assis sur les fleurs de Lys, vous avez
des qualitez qui sont dignes d'admiration & de respect. On est persuadé,

ã 3

MONSIEVR,

MONSIEVR, que ces talens extraordinaires dont je parle, & qui sont
le partage des ames du premier ordre,
ont été de tout tems hereditaires dans
vôtre illustre Maison, mais on avoüe
aussi, que vous les possedez d'une façon qui donne un nouveau lustre
à la Magistrature, & même à ces qualitez. Cependant comme entre toutes
celles que vous possedez, la Modestie
est des plus considerables, je ne prens
pas garde que selon les apparences
je l'offense beaucoup, & qu'en prenant
un Zele un peu trop ardant je deviens
& facheux & indiscret. Ie me tairay
donc, MONSIEVR, pour vous
faire plaisir, mais en m'imposant ce
silence, vous me permettrez de vous
dire encore un mot de mon present.
I'ose me flatter, qu'il n'est pas tout-à
fait indigne de vous : car l'Auteur de
l'Ouvrage que je vous presente est un
homme d'un rare merite, dont les
connoisseurs

connoisseurs font grand état, & qui
s'est acquis l'estime de tout ce qu'il y a
de sçavans en Europe. Les divers volumes qu'il a publiez depuis quelques
années ont été dignes d'avoir en tête
le nom de nôtre invincible Monarque,
celuy de l'Empereur, & de quelques
autres Princes : Et les voyages que je
vous offre aujourd'huy ont fait le plaisir des hommes de la premiere qualité,
qui n'ont pas moins d'esprit que de
naissance. Les Curieux en ont aussi
fait beaucoup d'etat, & c'est à leur so-
licitation que ie me suis vû engagé d'en
procurer une seconde edition. Le principal motif qui me l'a fait entreprendre, ç'a été, MONSIEVR, pour avoir
le moyen de vous donner une marque
publique de mon respect & de ma soû-
mission, en vous offrant ce livre. On
y voit bien de choses curieuses qu'on ne
trouve point dans les autres voyages,
parce que le merite de l'Auteur luy a fait

                         avoir

avoir l'entrée de tous les Cabinets des
Princes & des Doctes, qui sont dans
les villes où il a passé : Et qu'outre cela,
il en a jugé plus finement que bien
d'autres. Mais à quoy m'amuse-je de
vous faire remarquer des choses, que
vous connoîtrez plus avantageusement
pour luy ; il suffit MONSIEVR,
que ie vous assure qu'il n'est personne
dans le monde qui vous honore plus
parfaitement que moy, qui trouve toute ma gloire à me dire,

MONSIEVR

Vôtre très-humble & tres<br>
obeïssant serviteur,

CLAVDE MVGVET,

TABLE

# TABLE DES VILLES

*& Provinces parcourues dans ces voyages.*

## A

| | |
|---|---|
| Altorf. | p. 195 |
| Amsterdam. | p. 158 |
| Anspach. | p. 187 |
| Avanche. | p. 264 |
| Ausbourg. | p. 56 |
| Augst. | p. 109 |
| Austriche. | p. 27 |

## B

| | |
|---|---|
| Baccharac. | 147 |
| Baden. | 254 |
| Bâle. | 108. & 119 |
| Bareit. | 196 |
| Baviere. | 90 |
| Berlin. | 205 |
| Berne | |

# TABLE.

Berne. 262
Bohême. 32
la Briele. 166
Brisach. 135

## C

Château d'Amras. 64
Château de Bipp. 259
Constance. 246

## D

Delft. 165
Dourlach. 141
Dresde. 212

## E

Emmeric. 149

## F

Fort de Sxens. 150

## G

Geneve. 270

## H

Haerlem. 164
la Haye. 166
Heidelberg.

_TABLE._

Heidelberg.                      136
Hœchst.                          144
Hoentvil.                        247
Hongrie.                          28

**I**

Iene.                            197
Inspruk.                          64

**K**

Kœnigsfelden.                    252

**L**

Leyden.                          164
Leipsic.                         200
Leopolstadt.                     228
Londres.                         167

**M**

Maëslandsluys.                   165
Manheim.                         159
Martinach.                       252
Mayence.                         144
Mourat.                          263
Munic.                            79

**N**

Nieustat.                        186
Nimegue.                         150
Nuremberg.                       187

**P**

Passau.                           34
Payerne.                         269


Phili

Philisbourg. 135
Prague. 218

**S**

Salzbourg. 234
Schaffouse. 247
Soleure. 259
Stukgard. 185
Suaube. 99

**T**

Tirol. 61. & 77
Tubingue. 183

**V**

Vesel. 149
Vienne.
Vindisch. 253
Virtemberg. 182
Vlme.
Vtrech.
VVeimar. 199
VVitteberg. 202

**Z**

Zurich. 255


RELA

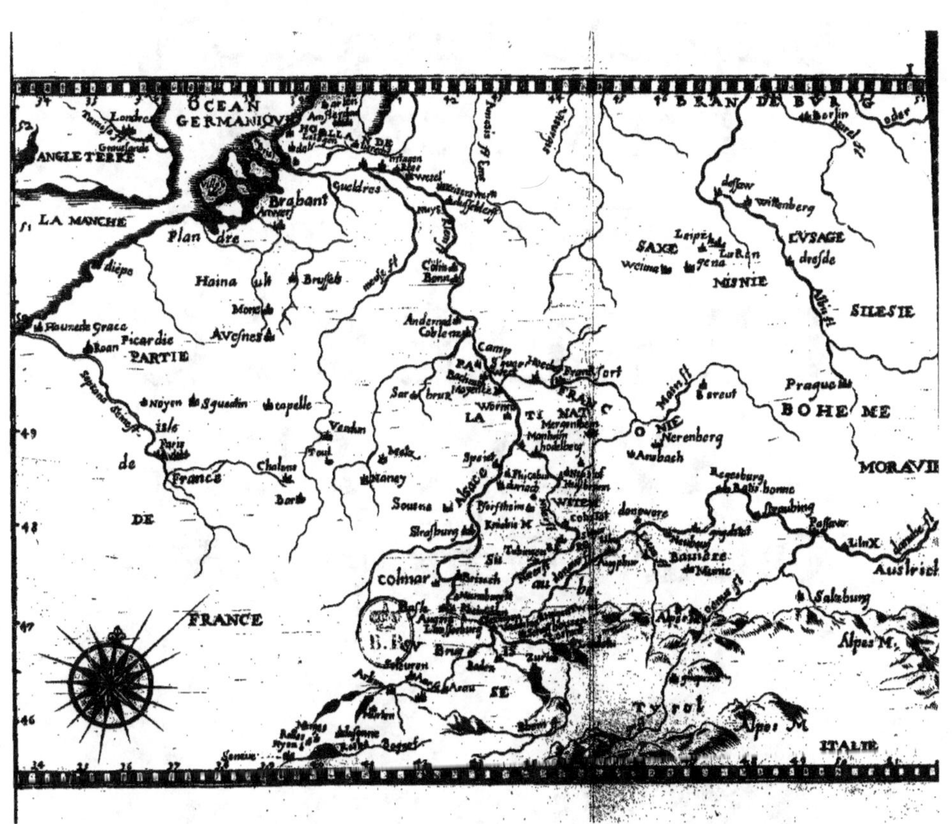

OCEAN GERMANIQVE
BRAN DE BVRG
ANGLETERRE
LA MANCHE
HOLLANDE
Brabant
Flandre
Gueldres
Haina ult
Bruffels
Montob
Avefnes
Picardie
PARTIE
Andernac
Coblenz
Londres
dieppe
Flauneche Graca
Roan
Noyen
Squadin
Capelle
Verdun
Toul
Metz
Isle de France
Chalons
Barth
Sar de brur
Worms
Camp
Frankfort
LA BTI NATV
FRANCONIE
Nerenberg
Ambach
SAXE
Weimar
Leipzig
Lutzen
Jena
NISNIE
deffow
wittenberg
L'VSAGE
drefde
SILESIE
Breut
Prague
BOHEME
MORAVIE
Manheim
hoedelberg
Speir
Souve
Alsace
Pforrheim
Weil
Cohelot
donawere
Regensburg
Babis bonne
Straburg
Tubingen
au
Neubaur
BAVIERE
Draubing
Paffaw
LinX
Auftrich
colnar
Adrinach
Ulm
Augspourg
Landspourg
Brug
Baden
Zurich
Alpes
Salzburg
Alpes M.
FRANCE
DE
Soleuren
Arau
Bafk
SE
Tyrol
Alpes M.
ITALIE

# PREMIERE RELATION,

## A SON ALTESSE

### *Monseigneur*

# FREDERIC
# AVGVSTE,

## Duc de VVirtemberg, &c.

**M**ONSEIGNEVR,

Il n'y a rien de plus obligeant que
la maniere dont Vôtre Altesse se sert
pour m'engager : Elle veut de ma main
le detail de mon dernier voyage, & sans



se

se seruir de l'autorité absoluë qu'Elle a
sur moy, Elle m'a forcé agreablement
par ces termes si sensibles & si touchans:
*I'étois à la reveuë d'une Compagnie de Ca-*
*ualerie, quand on m'a rendu vostre lettre:*
*ayant reconnu vôtre main que j'ayme fort,*
*ie n'ay peu m'empécher de l'ouvrir,* &c. Ne
sont-ce pas autant de charmes secrets
qui l'emportent sur ma timidité, & qui
m'inspirent de l'ardeur pour ce qu'Elle
m'ordonne : je ne veux point me souvenir, qu'il n'y a rien de plus difficile que
de satisfaire un goust aussi fin que celuy
de V. A. le goust d'une ame si grande &
si éclairée, qui a déja jugé de toutes les
beautés des belles lettres, & qui s'est
ormé sous le discernement du sçauant
M. Stoffel. Que je sens d'abondance &
de penchant en parlant à Vous, *Monsei-*
*gneur*, de ne parler que de Vous ; mais
j'ay trop de respect pour une matiere si
noble, qui demande les grandes expressions & les talens extraordinaires, il
faut que j'oublie un moment V. A. pour
me souvenir de luy obeïr.

De Nieustat, où Elle me combla de
ses bontés, je me trouvai à Vienne. L'intervalle est grand, *Monseigneur*, à m'entendre

tendre parler on croiroit que j'aurois
fait le chemin par le secours de la magie,
aussi n'y a t'il que le Danube, qui face
quatre - vingt dix lieües d'Allemagne en
cinq jours. Ce n'est pas véritablement
faire le tour du Monde d'une haleine
comme le Soleil, mais c'est en faire une
partie à peu prés sans la reprendre. Il y a
plaisir de s'embarquer sur ce fleuve ; on
court sans se remuer, on change de Pro-
uince & de pays sans changer de places,
& on y trouve moyen de faire en voya-
geant, tout ce qu'on fait sans sortir de
chez soy.

## VIENNE

Est la capitalle d'Allemagne, ou plûtot d'Occident, on y voit aujourd'huy
la Majesté de l'Empire, comme autrefois
à Rome, qui n'est pas la premiere ville
du Monde, depuis que celle-là est le sejour des Empereurs. Elle est forte non
pas seulement parce qu'elle est défenduë de bastions & de pieces de dehors
qui la couvrent, mais parce que Soly-
man l'a assiegée, & ne l'a pas prise. Ce
grand Seigneur n'étoit pas accoûtumé a
être vaincu, aussi ne l'avoit-t'il jamais

été : C'étoit luy qui prenoit dans ses titres celuy de faire ce qui luy plaisoit, &
de ne rien faire qui luy déplût. V. A. a
dans son Cabinet, des monumens de ce
siege sur des pieces d'or & d'argent, auec
ces mots TVRK BLEGERT VVIEN, 1529.

Cette ville est grande dans son petit
circuit ; que V. A. ne soit pas surprise de
mes termes, je veux dire que dans le peu
d'espace où la nécessité de sa fortifica-
tion la renferme, elle est infiniment
peuplée, infiniment riche, & infiniment
pleine de toutes les commodités de la
vie. Les plus grandes de l'Europe n'ont
que du vuide ou de la confusion plus
qu'elle.

Les deux Cabinets que j'y ay veus
n'en sont pas les moindres ornements :
L'un vient de Bruxelles, & de la main de
l'Archiduc Leopold, qui l'avoit rempli
avec des recherches & des dépenses
incroyables. L'autre est un patrimoine
de la Maison Imperiale, & l'ouvrage, *dit-
on*, de quatre Empereurs : Il y a dans le
premier quinze cent tableaux des meilleurs Maîtres du Monde : j'en ay remarqué de Raphaël, de Titien, de Carache,
de Paul Veroneze, de Correge, de Pal-
me,

me, d'Holbein, de Georgeon, de Schia-
von, de Baſſan, d'Albert Durer, de Rubens, de Van Deick : on a gravé ce qu'il
y a de plus fin dans cette abondance in-
eſtimable, le projet étoit bien pris, mais
Tenieres qui en eſt l'auteur, auroit la
gloire toute entiere, s'il avoit eu le ſoin
de le faire mieux executer : Ce ſont des
copies qui traveſtiſſent les Originaux,
& qui défigurent ce qu'il y de plus beau
au Monde: on n'y voit que les defauts de
l'ouvrier, & rien de l'excellence de ces
grandes idées. Il y a dans ce méme Cabinet prés de trois cent ſtatuës antiques
de marbre & de bronze. Vne ſuitte de
huit cent medailles d'or antiques, toutes
differentes, plus conſiderables par la rareté & le deſſein de l'hiſtoire, que par la
valeur de la matiere. Ce grand amas de
medailles Grecques, Conſulaires & Imperiales, & d'autres de grand & moyen
bronze, ne ſe pouvoit gueres rencontrer que ſous la main d'un Prince auſſi
puiſſant & auſſi éclairé que celuy qui
l'a laiſſé. l'en ay le catalogue exact, &
V. A. ſera étonnée d'y voir tant de belles
choſes. Ie ne dois pas oublier un arti-
cle dont V. A. curieuſe, comme Elle eſt,

A 3      doit

doit être informée. C'est une des plus
belles découvertes qu'on ayt encor fait
pour donner du jour à ces premieres
obscurités de l'histoire de France , &
pour établir puissamment l'antiquité de
cette Monarchie , dont V. A. peut être
n'est pas si bien persuadée que de sa force & de ses richesses. On trouva il y a
environ quinze ans en creusant la terre
prés de Tournay , un tombeau , ou plûtot le depost de tout un monument :
C'étoit celuy de Childeric Roy de France & pere du grand Clouis. Il avoit auprés de soy les os d'un cheval avec des
pieces d'harnachement ; on sçait qu'en
ces temps - là ils donnoient place dans
leur sepulture à celuy de leurs chevaux,
qu'ils montoient dans les grandes occasions. Il n'y manquoit rien de tout ce
que la religion des Payens consacroit à
l'honneur & à la memoire des morts ;
l'épée, le poignard, la masse d'armes, vn
petit instrument pour écrire à l'usage du
siecle , un grand nombre de Médailles
d'or des Empereurs Leon & Zenon ;
mais ce qu'il y avoit de plus rare à mon
sens , c'étoit une quantité d'abeilles d'or
plus longues que le pouce , & l'anneau

qui

qui servoit de cachet à ce Prince. C'est
trouver la vérité dans son azile, c'ét là
qu'elle est inviolable, & que les morts
par eux mémes informent bien mieux
les viuans de leur histoire : mais il falloit que ce thresor parût sous le plus
curieux Prince qui ayt peut-être jamais
été, c'étoit ce méme Archiduc Leopold
qui gouvernoit alors les Pays bas pour
le Roy d'Espagne. Sa Majesté tres
Chrétienne qui en connoissoit l'importance, témoigna quelque passion pour
l'avoir. On m'a dit dans Vienne que Mr.
l'Electeur de Mayence, s'empressa fort
de l'obtenir pour le Roy, & que l'Empereur aima mieux faire le present luy-
méme, avant que cét Electeur eut pris
ses mesures pour le demander. C'est
bien augmenter la valeur d'vn present,
que de le faire de si bonne grace. L'In-
tendant du Cabinet me le fit voir, &
m'en demanda ma pensée : Ie n'eus pas
de peine à reconnoître la verité, aussi
luy dis-je que ce qu'il me montroit n'é-
toit que la copie de l'original qui étoit
en France dans le Cabinet du Roy, dont
j'avois autrefois examiné toutes les pieces. L'inscription m'en parut bien faite,

 elle

elle finit à peu prés par ces mots: *Discas,
lector, vel sepultam Majestatem nusquam
interire :* quelque tems aprés, S. M. I.
me fit l'honneur de m'en demander
mon sentiment.

L'autre Cabinet est si plein & si riche, qu'il seroit difficile d'y rien ajoûter de nouveau, ni du côté de l'abondance, ni du côté de la rareté : on s'ap-
perçoit bié d'abord que c'est le Cabinet
de plusieurs Empereurs. Il n'y avoit que
ces Maîtres du Monde, qui peuvent hu-
mainement toutes choses, à qui il étoit
possible de mettre ensemble ce que l'V-
niuers a de plus precieux : On en peut
bien dire ce que Iosephe écrit dans ses
Antiquités Iudaïques du triomphe de
Titus aprés la conqueste de la Iudée ;
que les yeux méme accoûtumés aux miracles en sont ébloüis. Ce seroit ennuyer
V. A. par un discours qui ne finiroit
point, d'en remarquer le detail ; Elle
aura la bonté de se souuenir que ie ne
fournis qu'à une simple conversation,
où ie ne veux pas la fatiguer de la lectu-
re d'vn volume, ie toucheray seulement
ce qui m'a frappé davantage l'imagination.

Deux

Deux mille deux cent Medailles de l'Imperatrice Sabine en argent avec le même reuers VENERI GENETRICI, toutes antiques, de bons Maîtres & tres conservées, sont en ce genre des preuves magnifiques de son opulence. Il y a une portion de la Croix, une Epine de la couronne, & un des quatre cloux qui attacherent le Sauveur du monde à la Croix, qui méritent à mon avis la véneration de tous les Chrétiens. On y voit un grand nombre de reliques superbement enchassées. L'or, l'yvoire & & les pierreries y éblouïssent ceux mêmes qui sont accoûtumés de les voir. Il y a une tasse d'Emeraude de la grandeur d'une tasse ordinaire; des morceaux qu'on a menagé en la creusant, on en a fait une garniture complete pour l'Imperatrice. D'où pourroit venir cette pierre precieuse, *Monseigneur*, celles de ce Monde ne sont pas de cette grosseur; il y a dans sa masse inestimable quelque chose de plus que l'effort de la nature. A la couleur & à la qualité c'est une Emeraude, mais en verité à l'étenduë & à l'épesseur, c'est un miracle. Vn grand plat d'Agathe orientale, de deux pieds

A 5

enviro-

environ de diametre, où l'on voit le
mot de XPICTOC, né dans la
subſtance de la pierre, avec un B qui le
precede, qu'on peut interpreter BAΣI-
ΛEYΣ, ſuivant la maniere d'écrire
qu'on voit ſur les Médailles des anciens
Empereurs de Conſtantinople. On ne
ſçait icy, ce qu'on doit admirer davantage de la matiere, ou de la forme, de la
prodigalité ou du deſſein de la nature.
Il y a de ſi grands vaiſſeaux de criſtal de
roche qu'on n'en trouvera pas ailleurs
de ſi amples de criſtal commun. Il y a
une armoire toute pleine de pieces d'am-
bre travaillées. Du nombre infiny d'A-
gathes qui y ſont, je ne Vous parleray
que de la grande antique. C'eſt une pie-
ce preſque carrée, plus large que haute,
où ſont ſculpées douze ou quinze figures, qui repreſentent le triomphe des
Empereurs Romains ſur les Allemans,
un peu aprés IESVS-CHRIST. Elle a été
tres-ſavamment expliquée par le Bi-
bliothecaire de l'Empereur, j'aurois
voulu qu'elle eût été gravée de même.
On ne voit en l'Original que des viſa-
ges de Princes, la gravure n'en fait que
des eſclaves. Peut-étre que quelqu'autre,

tre la gravera mieux, mais c'est en effect
une des meilleures pieces qui nous restent de l'antiquité.

On voit dans une autre chambre la
répréfentation de Philippe fecond, avec
fes armes d'or maffif chargé de diamans. Cette effigie fuperbe répond bien
à la memoire d'vn fi grand Prince, qui a
épandu fes richeffes parmi le monde &
tranfporté le Perou dans l'Europe. On
y garde le jufte - au - corps de bufle que
Guftave Adolphe portoit à la bataille
de Lutzen, où il perit avec la fortune
de fon parti. Ie ne finirois jamais, toutes les pieces s'en reprefentent encor à
mes yeux, j'en conferveray l'idée toute
ma vie: mais je l'auray-tres prefente
jufques à ce que je l'aye communiquée
a V. A. Mr. Vander Barren me fit voir
le premier de ces Cabinets, dont il a
l'intendance; quand je diray qu'il ne
manque rien à fon mérite, que c'est un
bon Ecclefiaftique, un véritable Savant,
& un tres-honnefte homme, qu'il a toutes ces qualités avec la faveur de fon
Maître, qui font chofes affez difcordan-
tes; ce ne fera pas par reconnoiffance,
tout le monde en parle de même. Sa

 Majefté

Majesté Imperiale commanda qu'on me
fit voir l'autre : je ne pouvois recevoir
plus d'honneur, ni aporter une plus
agreable disposition à la vuë de tant de
belles choses. On peut comter pour
troisiéme thresor, la Bibliotheque Imperiale : Elle est remplie de tout ce
qu'il y a de beaux livres au monde. On
y voit entre autres, dix ou douze mille
manuscripts de toutes sortes de matie-
res & en toutes les langues. Les fameu-
ses Bibliotheques de Busbeck & de Cu-
spinien, & ce que les Foulcres d'Augsbourg ont eu de plus beau ; j'y vis des
miniatures admirables qui venoient des
Ducs de Bourgogne. J'en vis aussi d'O-
ctavius Strada en matiere de Médailles, avec une infinité de desseins de Raphaël, de Rubens, d'Albert Durer &
d'autres excellens Maîtres. Ce détail
paroîtra bien tost au jour, on en attend
une histoire dans toute son étenduë. M.
Lambecius qui en a la conduite y tra-
vaille incessamment, c'est peut-être
l'homme du monde le plus capable de
donner de justes copies à ces incomparables Originaux ; ce sera là que V. A.
trouvera dans sa perfection, ces premiers

miers traits que ie luy donne.

Ne seroit ce point trop, *Monseigneur*, de vous parler de S. M. I. des pésées mediocres comme les miennes, en pourroient - elles fournir un charactere un peu ressemblant? j'ay eu l'honneur d'être auptes d'Elle dans sa Gallerie des Peintures, lors qu'Elle visitoit son thresor de Médailles antiques. I'y vis pendant trois heures & demie, la conuersation d'un Empereur Romain avec ses Predécesseurs: c'est ce qu'on ne pouuoit voir ailleurs. C'est là qu'un discernement plus sublime & plus vaste que le mien en auroit fait la comparaison à la vüe : Il ne me sembla point que les morts effaçassent le Vivant, en qui je voyois tout ce que sçavois, & tout ce que j'avois leu des autres : Son intelligence, sa pietè, sa justice & sa clémence sont dâs ce degré de perfection, qu'on ne voit gueres qu'en idée dans le monde. V. A. sçait que les Vertus extraordinaires sont souvent incópatibles, & que l'ame qui les pourroit toutes produire ne trouve pas toûjours un secours égal pour toutes, dans la correspondance du corps dont elle ne se peut passer. On

voit

voit rarement la magnanimité & la force , avec cette douceur & cette ten-
dreſſe qui acheve la pieté & la clemence
dans le cœur d'un Prince ; Mais dans
S. M. I. toutes ces parties heroïques
qu'on admire , viennent d'un principe
plus élevé, qui force la nature & releve
les foibleſſes du corps. C'eſt ce divin
charactere que le ciel imprime à tous
ceux de cette Auguſte Maiſon ; c'eſt cette ſeconde ame que les Philoſophes ont
donné aux Heros, qui fait que celuy qui
tient aujourd'huy le premier rang ſur la
terre , eſt tout enſemble un grand Empereur & un bon Prince, un Politique
achevé , & un véritable Chrêtien ; &
qu'on voit en luy les vertus les moins
ſociables , dans un accord qui fera le
bon-heur de l'Empire, auſſi-toſt qu'il ſe
ſera mis en état d'y répondre , & qu'il
aura merité du ciel autant de biens qu'il
en peut recevoir par les mains & ſous la
conduite d'un ſi bon Maitre & d'un Empereur ſi ſage.

Il eſt vray , *Monſeigneur*, que ſes Sujets particuliers l'adorent ; car enfin le
reſpect & l'amour qu'ils ont pour ſa
perſonne eſt infiny. Ie crois que cette

paſſion

paſſion extraordinaire des Sujets envers
leurs Princes ne ſe rencontre dans les
Pays polis, que là & en France. Peut-
étre que le genie de ces peuples inſpire
ces mouvemens qui leur ſont naturels;
mais il y a plus d'apparence de croire
que les bontez perſonelles de ces deux
Monarques ſe ſont attirez ce culte, &
que leurs Sujets s'efforcent de reconnoître le bien qu'il en reçoivent, par
cette extreme véneration. La Cour de
Vienne eſt tres-magnifique, & tres-
pompeuſe, mais ce qui luy donne plus
d'éclat à mon ſens, c'eſt qu'on y trouve
le Prince par tout imité, ce n'eſt que gé-
neroſité, que religion, que bonté & que
franchiſe; je ne ſay par quel endroit
S. M. I. eſt plus abondammét le bon-heur
de tant d'Illuſtres Seigneurs qui l'envi-
ronnent, ou par la fortune qu'Elle leur
diſtribue, ou par les grands exemples
qu'Elle leur donne. Ie feray paſſer icy
deuant V. A. ceux que je trouveray plus
preſens à ma memoire. Le Prince de
*Lobkovitz* a le premier poſte de la Cour,
c'eſt le grand Maître d'Hôtel *der oberſte
Hoffmeiſter.* Son pere qui eſtoit grand
Chancelier de Boheme fut fait Prince

par Ferdinand ſecond , l'an 1626. maís
il ne pût joüir à la Diette de Ratiſbone
des priuileges de cette dignité, & celuy-
cy y fut receu par le credit qu'il avoit
auprés de l'Empereur, & par l'occurren-
ce des affaires.

Le Comte *Iean Maximilien de Lamberg* eſt le grand Chambellan & le principal confident de S.M.I. il a part à toutes les affaires. La voix publique demeure d'accord qu'il répond dignement
à ces grands avantages. Il a le genie', la
vigueur , l'érudition & l'experience. Ses
Ambaſſades en Eſpagne & à l'Aſſemblée
de Munſter , l'ont fait connoître à toute
l'Europe ; enfin il eſt aymé & conſideré
de l'Empereur , au dernier point : Et on
eſt ſi bien perſuadé de ſon mérite que
perſonne n'envie ſa faveur.

*Henry Guillaume* Comte *de Starenberg*,
eſt le grand Mareſchal: V. A. ſait le pouvoir que donne cette Charge dans toutes les Cours d'Allemagne. C'eſt luy
qui a l'authorité abſoluë ſur les Iuifs.&
à propos des Iuifs en voicy des particularitez. Il y en a dans Vienne environ
trois mille, logez aſſez commodément,
dans un Bourg qui porte leur nom, de-

taché

taché de deux ou trois cent pas de la Ville. Il y viennent quand ils veulent hors le Dimanche & le Samedy : Leur superstition & nôtre Religion les en empêche ; s'ils en usoient autrement, ils couroient risque d'y étre assommez. Limnæus propose s'il est expedient qu'un Prince les souffre dans ses Etats, & en donne les raisons affirmatives & negatives, n'en attendez rien de moy. Ils ont à Vienne trois Synagogues, quoy qu'à Francfort ils n'y en ayent qu'vne, & qu'ils y soient en plus grand nombre: j'y entendis un jour un mot assez plaisant ce me semble. Vn Allemand causoit en Latin avec un Medecin Iuif, & le pressoit de reconnoître la venuë du Messie par des passages qu'il môntroit en Hebreu dans les Propheties, & dans d'autres endroits du Vieux Testament: le Docteur qui n'y trouvoit pas de preuve suffisante à son sens, luy dit enfin, ne m'accordez vous pas que nôtre Religion nous a été donnée par le seul Dieu Createur du Ciel & de la Terre, & qu'il a fait alliance avec nous ? L'Allemand l'avoüa ; lôrs dit le Iuif, quand vous me môntrerez que la vôtre vient de Dieu

par

par d'auſſi bons titres que nous prou-
vons la nôtre, tout ira bié, ainſi finit leur
converſation. L'Allemand eut en cette
occaſion plus de zele, que de lumiére:
car, *Monſeigneur*, qu'auroit répondu le
Iuif, ſi on luy avoit repliqué, cette Religion vous a été donnée de Dieu comme une diſpoſition à l'accompliſſement
des promeſſes, & cette alliance comme
une figure de la veritable alliance qui
ſe devoit faire par le Meſſie ; ſi les promeſſes ſont accomplies, ſi le Meſſie eſt
venu, vôtre Religion & vôtre alliance
ſont finies, ainſi dans les meſures d'un
raiſonnement juſte, il ne vous ſuffit pas
de prouver la continuation de vôtre
Religion & de vôtre alliance, par l'éta-
bliſſement que Dieu en a fait en la perſonne de vos Peres : mais il faut que
vous le prouviez par vne négative : c'eſt
à dire, en faiſant voir dans les Ecritu-
res qui nous ſont communes, que le
Meſſie qui doit tout conſommer n'eſt
point venu. Leur mauvaiſe fortune eſt
bien grande, puiſqu'elle eſt appuyée
ſur la parole de Dieu. Les Iuifs ſont fort
obſtinez dans leur croïance, & fort ſu-
perſtitieux, cependant ils ſont miſera-
bles,

bles & chargés par tout d'une haine publique. I'ay eu quelques affaires avec eux, mais qui ne concernent ny la Religion, ny la Politique : I'en ay tiré des Médailles antiques extraordinaires, ils sont faciles parce qu'ils sont ignorans, d'ailleurs ils savent bien l'Arithmetique.

Les Comtes *de Dietrichstein* & *de Zinsendorf*, sont aussi des premiers Officiers : celuy-là est le grand Escuyer, & celuy-cy le grand Veneur, tous deux tres-dignes des bonnes graces de leur Maître.

Mr. le Comte *de Trauthson* est u des plus considerables Seigneurs de cette Cour ; il est curieux, & a dans son Cabinet de toutes les belles choses, des livres, des Médailles antiques & modernes, des peintures, de agathes, des marcassites, des curiositez des Indes, enfin tout ce que vous pouvez vous imaginer. Pour peu que je m'arrêtasse à toutes les particularitez qui y sont, je donnerois trop de matiére à cette lettre. On y voit ce fameux Tableau du Correge, qui fut la plus precieuse dépoüille du sac de Mantoüe. Sa Majesté tres-Chrétienne

Chrêtienne qui en connoissoit la beauté , luy vouloit donner place dans le
Louvre , je voudrois déja l'y avoir vû.
Vn noyau de cerise où l'on a sculpé plus
de cent portraits , avec des ornemens
de tête différens , des Mitres, des Cou-
ronnes, des Capuchons , des Diadémes,
des Chapeaux , des Chaperons & des
Coëffures de femmes fort diverses.
C'est bien quintessensier l'Art , que de
luy faire déployer tant d'ouvrages en si
peu d'espace , & aller en quelque façon
aussi loin que la nature qui anime des
atomes & leur baille des parties organi-
ques. Ie parleray encore à V. A. d'une
tasse d'Ametiste que j'y ay vüe , elle est
aussi belle que ces coupes fabuleuses où
les Dieux s'enyvroient : si la fable en
imposoit aux yeux comme à l'esprit , je
ne sauro s qu'en croire. Ce Seigneur a
le plus beau Palais & le plus beau jardin qui soit en Austriche : il s'étend où
peu s'en faut, des portes de Vienne au
Danube. Son ayeul étoit le fauory de
Rodolphe second , & je crois que la curiosité de ce grand Empereur , fit naître
alors celle de son confident.

Si V. A. vouloit savoir les autres Illustres

ſtres, ou Curieux de Viéne, Elle m'engageroit à luy parler de trop de monde, & méme je ne les connois pas tous : mais je ne puis oublier Monſieur *Schrimpf* : c'eſt le Reſident de l'Electeur de Saxe, du Duc de VVirtemberg, & de beaucoup d'autres Princes & Eſtats de l'Empire. Caton & Brutus pouvoient avoir autant de vertu & de bonté naturelle que luy, mais je ne crois pas qu'ils en euſſent d'avantage. Sa liberalité s'étendoit à m'offrir tout ce que je trouuois de beau chez luy, ce qui me fit reſoudre à ne luy plus rien loüer du tout. Io n'ay pourtất pas refuſé tous les preſens qu'il m'a voulu faire, & j'en feray bien-toſt voir quelques-uns à V. A.

Il faut que je l'entretienne de deux ou trois diuertiſſemens que j'ay vû prendre à S. M. I. Elle ayme fort la chaſſe, & s'y vient relâcher des fatigues qui ſont inſéparables de la conduite de l'Empire. Ie l'ay vû à trois lieües de Vienne du côté du Nord, dans un bois où ſon grand Veneur luy avoit fait préparer une tente, ſous laquelle il étoit auec l'Imperatrice, & ceux de ſa Cour qu'il y avoit mandez : j'y fus à la ſuitte

du

du Marquis de Bade - Durlach ; c'eſt vn
Prince que vous connoiſſez , *Monſei-*
*gneur* , Savant , Curieux , & autant ex-
cellent au Cabinet , qu'à la guerre. Les
Chaſſeurs pouſſerent quantité de cerfs
& de biches , qui étoient contraints de
faire le tour de la tente, à cauſe des toi-
les qu'on y avoit tenduës de tous côtez.
L'Imperatrice en tira le premier coup
avec une arquebuze , & l'Empereur
neuf ou dix, en une heure de temps.
Cinq ou ſix jours auparavant, leurs Ma-
jeſtez Impériales en avoient tiré vingt
trois au Prater : c'eſt la promenade ordinaire de l'Empereur, & du beau monde de Vienne ; C'eſt un bois de haute
fuſtaye , ſitué le long du Danube qui
laiſſe des eſpaces pour toute ſorte de promenade, ce lieu au reſte eſt fort joli, où

*Ogni aì , in fonti o in boſchi*
*Scherzar ſi veden' colle belle i vaghi.*

  J'y vis un jour trois tentes que l'Empereur y avoit fait dreſſer pour la chaſſe,
dont je viens de parler, c'eſtoient celles
dont le Grand Seigneur luy avoit fait
préſent , par ſes derniers Ambaſſadeurs,
& qu'on eſtime ſoixante mille eſcus.
S. M. I. aime fort auſſi *Laxembourg,* c'eſt

un

un petit palais de plaisance dans un pays
de chasse à trois heures de Vienne, où
Elle va passer tous les ans quatre ou
cinq semaines, dans le temps qu'on vo-
le le heron.

Elle se divertit fort à la Musique &
s'y connoit parfaitement, à ce qu'on m'a
dit. Elle entretient en sa Cour un grand
nombre de Musiciens, la plufpart font
Italiens; les autres font ou Allemans
ou Efpagnols. Ceux là ont la voix beaucoup plus claire, mais ceux-cy n'en vou-
droient pas avoir l'avantage à ce prix, &
je ne vois que les fuccesseurs des anciens Grecs & des anciens Romains qui
foient d'avis contraire, & qui veulent
bien se deshumanifer pour devenir
Muficiens, & donner une partie d'eux-
mesme pour divertir les autres. Nous
n'entendons pas dire que dans le reste de
l'Europe on y châtre le monde exprez,
comme en Turquie & en Italie. Ie vis la
Comedie à machine d'Andromede que
S. M. I. faifoit reprefenter en Italien,
pour celebrer le jour de la naissance de
l'Imperatrice. Quelques jours après Elle
fit danfer un ballet fort magnifique à
l'entrée de fon Palais: il y avoit cent

cinquante

cinquante Violons vêtus à la Comedien-
ne qui en donnoient le diuertissement.

L'Imperatrice ayme fort ces sortes de
passe-tems, peut-être parc equ'ils réssem-
blent à ceux d'Espagne. Elle est honorée dans tous ces pays-là autant que
l'Empereur méme, ce qui se fait & par
reflexion, & par la considération de
ses qualitez paticulieres. L'Impératrice
Doüairiere y est aussi dans la derniere
vénération. Elle demeure d'ordinaire
aux Fauorites : C'est une Maison de plaisance à un quart d'heure de Vienne, qui
n'a rié d'extraordinaire pour la régularité de l'Architecture, mais elle est cômode
& spacieuse: ses jardins sont embellis par
tout de fontaines & de statuës. Cette
Princesse ne vient pas souvent à la Cour,
quoy qu'elle y soit parfaitement bien.
Elle ne se méle presque point d'affaires: Elle ayme la peinture ; & se diuertit
méme à peindre. J'ay vû un tableau d'une
Vierge de sa main qu'on conserue dans
un des Thresors de l'Empereur. Sa principale occupation est l'éducation de ses
deux Princesses : toutes deux sont tres-
belles & tres-bien faites, *Facies habent*
*dignas imperio.*

A deux

A deux heures de Vienne on voit un jardin qui a esté autrefois un grand Theatre de guerre. Soliman y avoit son camp lors qu'il assiegea Vienne. Dieu veüille preserver la Chétienté & ce pays-là principalement, de si rudes attaques. Le seul souvenir des histoires passées fait trembler ceux qui ont le moindre interest dans les présentes. Le clocher de la gráde Eglise est chargé d'vne étoile au milieu d'un croissant, qui sont les armes de l'ancienne Constantinople, comme V. A. peut voir dans ses médailles antiques du temps d'Auguste. On l'y a mis pour mémoire de ce fameux siege, & pour exciter les peuples à prier continuellement Dieu de détourner ce fleau qui les menace. Car enfin, *Monseigneur*, le Turc est vn méchát voisin, sa puisance & son impieté le rendent également redoutable aux Chrêtiens. Ce jardin à changé de forme, & n'est plus qu'un séjour de plaisirs : S. M. I. y fait nourrir des Bestes farouches & des animaux extraordinaires : on y voit des Lions, des Lionnes & des petits Lionceaux, qui y ont esté engendrés : ce qui prouve assez la chaleur & la fécondité du climat. Ie

B

pensay

penſay achéter deux Aiglons ſur le *Gra-*
*ben* ; c'eſt la plus belle place de la Ville,
qui en étoit autrefois le foſſé. Ie les
avois deſtinez pour **V. A.** mais le peu
de commodité de les enuoyer, me priua
de cét honneur : ils avoient été deni-
chez des rochers du Danube, où on
en trouve aſſez ſouvent. Ils ſont aſſez
ordinaires en Allemagne : Les Aigles
ont toûjours été les armes de l'Empire,
comme le ſymbole le plus illuſtre de la
force ; Celuy que Conſtantin y ajoûta
de nouveau , n'étoit que pour môntrer
la puiſſance qu'il avoit établie en Orient
& qu'il avoit unie à celle d'Occident.

**V. A.** veut-Elle bien que je face une di-
uerſion au ſujet de Conſtâtin, ou plûtot
veut-Elle que je les continuë ; car il me
ſemble que cette lettre n'a point de ſujet particulier , ni de matiere qui luy
ſoit propre. On m'a ſouvent dit que le
*Labarum* étoit de l'invention des Chrétiens qui s'en ſervoient dans leurs armées , comme les Payens des augures
& des diuinations, pour redóner du courage aux ſoldats & relever leurs eſpé-
rances, & que les Moynes augmentérent
la reputation de cette fable: N'en croyez
rien,

rien, *Monseigneur*, la Religion Chrêtiéne qui est la verité méme ne met point le mensonge en usage. I'ay la médaille antique de Constantius , fils du grand Constantin , au revers de laquelle une Victoire couronne l'Empereur qui tient un enseigne militaire , où le mot de Christ y est abregé ; à l'entour on lit ces mots, IN HOC SIGNO VICTOR ERIS.

## L'AVSTRICHE

Est au reste , si fertile , qu'elle n'a pas lieu d'envier l'abondance , des provinces voisines. Les fruits & les melons y font presque aussi bons qu'en Italie , & les vins aussi agréables , mais infiniment plus forts. La chaleur du climat & la bonté du pays en font les causes sensibles : Quoy que le Soleil n'y soit plus chaud que dans les régions paralleles, l'air pourtant y est tout autrement échauffé. Le souffre qui domine dans tous ces pays - là , augmente sa chaleur & sa fertilité. I'aprehenderoit méme l'excez de cette chaleur sulphurée , qui apparemment est accompagnée de nitre & de quelqu'autre mineral qui causeroit à leurs vins une qualité corrosive

pour petite qu'elle fût. Leurs beſtiaux
ſont gros & gras , on parle par toute la terre des bœufs d'Auſtriche & de
Hongrie. Et à propos de la *Hongrie* ,
trouvez bon que j'en entretienne un
peu V. A.

## LA HONGRIE

Eſt un païs admirable : les grains &
les fruits y ſont peut-étre plus abon-
dans qu'en pas un endroit de la terre :
il y a des vins qui ont la force & cette
pointe delicieuſe du vin d'Eſpagne ,
& même qui le ſurpaſſent en l'un
& en l'autre , comme celuy de Tokai :
il y en a d'autres auſſi violans que de
l'eau de vie. J'ay oüy dire il y a long-
tems , *mirabilis Deus in aquis Hungariæ,*
on y en trouve de toutes ſortes de ſa-
veurs & de toute ſorte de qualités : Vn
railleur diroit hormis de celles qui ſont
bonnes à boire , car il eſt certain qu'elles y ſont toutes un peu minerales , auſſi n'y en boit-on guéres. On apporte à
Vienne un nombre infini de volailles,
d'écreviſſes & de tortuës de ce pays-
là. V. A. ſait ce qu'on a écrit de
la fertilité & de la richeſſe du Lac
*Zirnixzée*

*Zirnixzée* ou l'on peut châque année femer, faûcher, chaffer & pêcher. Si là terre étoit par tout auffi abondante elle feroit à mon avis des trois quarts plus grande qu'il ne faut. Elle fait auffi ce qu'on dit de fes miniéres, que l'on prétend étre les plus riches du monde. J'ay vû dans le threfor de S. M. I des morceaux de plus de cinquante livres, qui en avoient été tirez, & qui étoient presque d'argent pur. On y trouve de tres-riches marcaffites & quelquesfois même d'argent, aux pieds de leurs vignes, ce qui a fait dire à quelques-uns, qu'il y venoit des grapes de raifin d'argent: c'eft une fable auffi bien que la dent d'or de l'enfant Silefien. Toutes ces richeffes me font regretter la perte que la Chrêtienté a faite d'une partie de ce beau pays. Tout perit chez les Turcs, même ce qui concerne la guerre, quoy qu'ils y foient un peu plus vigilans qu'au refte. On fait qu'ils n'ayment ny l'Architecture ny l'Agriculture que pour le neceffaire & qu'ils en commettent le foin à des Efclaues: De forte que par pareffe ou par ignorance, ils laiffent inutiles beaucoup de miniéres qui auoient

déja été ouvertes vers Bude & Belgra-
de. J'aprehende qu'il ne leur prenne
quelque iour fantaifie d'affurer leurs
conquétes paffées par celles des Provinces voifines. Dieu ne le permettra
peut-étre jamais, la pieté & la puiffance des Princes d'Auftriche, & le zéle
de leurs peuples me le fait croire : & de
plus il femble que la nature ait mis de
ce côté-là des bornes à l'ambition de
ces ennemis du nom Chrêtien. Le Danube ne leur apporte que la centiéme
partie des commodités qu'il donne à
l'Allemagne, les eaux y font trop rapi-
des en beaucoup d'endroits, en d'autres
elles font trop baffes : les rochers y font
fort frequens & y caufent fouvent des
naufrages. Enfin, *Monfeigneur*, ils n'y
peuvent faire monter leur canon, & c'eft
fans doute une des plus confidérables
incommoditez qui les empêche de porter leurs armes, du côté d'Occident.
S. M. I. eft tres - puiffante d'Elle-même,
mais fi les forces du refte de l'Empire
viennent joindre les fiennes, elle n'aura
plus rien à craindre. Que ne peut - ont
pas efpérer des autres Princes Chrêtiens,
quand ils voudront s'unir contre cét

ennemi

ennemi commun. Que n'a t'on pas vû
d'une poignée de François au passage du
Rab? six mille hommes en arrêtent cinquante mille, les combattent, les met-
tent en suite & prennent leur artillerie.
Les armes sont neantmoins journalié-
res, & la vertu des combatans est quelquefois opprimée par la multitude des
ennemis: si pourtant le même bon-heur
accompagnoit les armes que la France
employe au secours de Candie, où trou-
veroit-t'on un Monarque si heureux &
si glorieux que le nôtre, soit dans la
paix soit dans la guerre. Ses armes ont
toûjours été victorieuses, il a celà de
commun avec ses Prédecesseurs; que le
nom seul imprime tant de terreur aux
nations les plus éloignées: Suetonne
dit bien quelque chose d'approchant, en
parlant du grand Drusus, mais enfin la
gloire du Roy est toute autre. On dit
icy par tout que dés qu'on a sceû à Constantinople que les François étoient ar-
riuez à Cādie, tout y étoit dans une effroyable consternation, & que le grand Seigneur avoit incontinent depéché un
Cherif pour faire office auprés de S. M.
& l'enganger à retirer ses troupes. Dieu

B 4 confonde

confonde à jamais ſes ennemis pour le ſalut de l'Empire & le bien de toute la Chrêtienté. A propos de Candie, V. A. veut-elle bien que je luy en porte une médaille antique d'argent, que j'ay rencontré en ces quartiers, auſſi bien que d'autres encor plus curieuſes.

Pour revenir à la Hongrie, c'eſt un Royaume tres-riche : V. A. ſait la puiſſance de ſes anciens Rois, & quoy qu'aujourd'huy elle ſoit diuiſée entre l'Empereur & le Turc, la partie Chrêtienne ne laiſſe pas d'étre tres-opulente & tres-conſiderable. Les Etats y conſervent leur liberté autant qu'ils peuvent, & prétendent avoir le pouvoir d'élire leurs Rois ; mais comme ils ne ſont pas aſſez forts pour reſiſter ſeuls au Turc, il faut de neceſſité que pour ſe conſerver ils prennent un Roy puiſſant, d'ailleurs & qui ſoit leur voiſin, c'eſt ce qui les a toûjours obligé à faire choix d'un Prince de l'Auguſte Maiſon d'Auſtriche.

## LA BOHEME

Eſt beaucoup plus foible: quoy qu'elle ſoit de grande étenduë, il y a bien à dire qu'elle

qu'elle foit fi riche & fi puiffante. Les
guerres l'ont horriblement ruinée depuis 1618. & quelque indulgence qu'elle
reçoive de S. M. I. elle a bien de la peine
à fe rétablir : elle eft riche en mines , on
y trouve des Agathes & des Topafes,
plus qu'en lieu du môde, des Emeraudes
même, contre l'opinion commune. Il eft
vray que toutes ces pierres ne font pas
fi dures ni fi éclatantes que celle d'O-
rient ; Ce qu'elle a de plus remarquable,
font fes mines de cuivre , de fer , d'argent & d'or , mais où n'en trouve-t'on
pas. Ie ne fay pas une Province en Allemagne où l'on ne face ces découvertes , quoy que Tacite ne le fut pas
quand il a écrit, *Argentum & aurum*
*propitij an irati dij negaverint dubito , nec*
*tamen affirmaverim nullam Germaniæ ve-*
*nam aurum argentúmve gignere, quis enim*
*fcrutatus eft ?* Tout le monde connoit
les mines d'argent qui font en Saxe &
au Duché de Lunebourg , je fay où il y
en a d'Amethifte prefque auffi belle que
celle d'Orient : Combien en a t'on trouvé de differentes vers les bords du Rhin:
Il y a des endroits où les payfans re-
cüeillent de l'or dans des petits paniers

B 5       qu'ils

qu'ils laiſſent exprez dans l'eau. Henry le grand fit faire des Médailles avec ces mots, Ex Avro Francigena ad Rhenvm effosso. Ie n'aurois jamais fait ſur cette matiére, & deplus j'ay déja trop cauſé, & je ſens bien que tout cela Vous ennuye.

## A PASSAV,

I'appris une choſe aſſés curieuſe: V. A. ſçait que cette ville étoit autrefois des plus conſidérables d'Allemagne; qu'elle eſt en Baviére, mais qu'elle a ſon Seigneur particulier, qui en eſt toûjours l'Evêque. Elle fut brûlée il y a cinq ans par hazard, ou plûtot par malheur : Il n'en reſta que la quatriéme partie, aujourd'huy elle commence à ſe rétablir. Deux riviéres s'y déchargent dans le Danube qui en arrouſe le pied : l'une vient d'Inſpruk, & eſt auſſi groſſe que le Danube même, l'autre du Septentrion, qui eſt beaucoup plus petite, & c'eſt de cette derniere dont je luy veux dire quelque choſe. Ie fus fort étonné de voir ſa couleur, elle eſt preſque auſſi noire que de l'ancre, & ſe mêle avec d'autres eaux ſans en perdre la qualité.

On

On m'a dit qu'on y pêchoit des perles
& de fort grosses & de fort rondes, mais
non pas de l'œil, de l'eau ou si vous voulez de l'éclat de celles d'Orient : on en
a pourtant vendu jusques à deux cent
francs. S. A. E. de Baviére à qui appartient cette pêche, en a grand soin, à ce
qu'on m'a dit. Pour ces sortes d'eaux
noires elle sont assez communes en Allemagne : I'y en ay même gouté qui
avoient vne odeur & une saveur insu-
portable, causée par le soufre & les autres mineraus qui y auoient imprimé
leur qualité.

Il faut encor vous dire quelque chose, dans ce que j'ay observé *de la morale
des Allemans*. Ie les estime autant Reli-
gieux qu'aucun autre peuple ; & quoy
que la Religion y soit diuisée, le dessein
de bien faire & l'espérance de la vie éter-
nelle y est égalle dans châque party.
V. A. s'étonneroit de voir l'ardeur des
Austrichiens pour tout ce qui concerne
le service de Dieu ; les Eglises y sont
toûjours remplies ; on y fait presque
tous les jours des processions solennel-
les, les Sermons y sont fort frequens.
Ils élèvent leurs enfans dans cette ten-
B 6     dresse

dreſſe de Religion , auſſi peut - on dire
qu'ils son devots par habitude , & par
inclination. C'eſt l'obligation la plus
forte qu'ils ayent à leur Prince. Leur pieté a été connuë de toute la terre auſſi
bien que chez eux : les pierres même
en portent des témoignages parlans dãs
les rüës de Vienne , les Egliſes , les
Monaſteres , & les Hoſpitaux qu'ils
ont fondez. Les Luthériens n'y ont pas
d'exercice public, mais dans Straſbourg,
Francfort , Ratiſbonne , Auſpourg, Vlme , Stougard , & les autres lieux où
ils ſont les Maiſtres , ils paroiſſent fort
attachez & fort exacts dans le culte
de leur Religion. Ils obſervent la ſain-
teté & le repos du Dimanche avec
beaucoup de circonſpection , & ſe trouvent religieuſement dans leurs temples
aux heures deſtinées à la priere & à l'ex-
poſition de la parole de Dieu. Ceux
qui ſuivent la reformation de Calvin
ſont plus détachez des ceremonies , ils
en retranchent autant qu'ils peuvent.
J'en ay connu parmi eux qui ont le cœur
net & les ſentimens les plus honneſtes
du monde ; mais c'eſt trop debiter de
Theologie pour un Medecin.

Au

Au reste, la distinction des Religions n'embarasse point le commerce : elle ne produit point d'alteration parmi le peuple, qui ne mêle rien de ce different dans les autres affaires. Cela me fait souvenir de ces contrées de Barbarie où les Noirs vivent avec les Blancs : ils sont si accoûtumés à cette diuersité de couleur, qu'ils ne s'avisent pas seulement d'y prendre garde. Ils sont plus circonspects sur l'interest public ; pour lors chacun se souvient de son parti, s'y range & s'y abandonne sans reserve: Il faut pourtant avoüer, *Monseigneur*, que les differentes sectes ont poussé l'Allemagne bien prés de sa perte, que sa vigueur & sa forte constitution ont soûtenu & soûtiénent encore, mais le mal n'est pas guery ; il paroît moins grand parce qu'elle s'y accoûtume, & que le repos dont elle joüit la met hors d'état de s'éprouver elle même. Le Ciel la preserve pour son salut & pour le bien du reste de l'Europe de se voir dans d'autres conjonctures.

De tous les pays où j'ay été, je n'en ay point vû où l'on parle moins de ces divisions qu'à Vienne ; on y est aussi tranquille de ce côté-là , que si tout le monde croyoit au sept Sacremens & à la Messe. Ce n'est pas qu'il y ayt aucune défence de parler de la Religion comme en Turquie, c'est qu'on y ayme le repos, c'est que tous trouvent leur compte à s'en taire , & que peut-être l'Empereur augmente son autorité en conservant les priuileges de chaque parti , & en écartant les partialitez ; le trouble des familles pourroit troubler l'état, au lieu que le silence sur cette matiere entretient l'union & fait durer le repos.

Les Allemans aiment la bonne chére , c'est ce qu'on dit & ce qu'on croit par tout : leur volupté en ce genre va plûtot au diuertissement de la feste, qu'à la delicatesse & à la magnificence des viandes : ils y cherchent particuliere-ment la joye & ces transports charmans où le vin les pousse ; c'est là qu'ils perdent pour un peu de tems cette pesanteur qui leur est comme naturelle , & que leur idées affinées par les vapeurs subtiles & chaudes , fournissent à cent sortes de passions qui font de toutes les heures de leur débauche , autant de pas-setems qui se terminent ordinairement
                                    par

par des vœux , des abandonnemens d'a-
me & des expreſſions violentes d'amitié. Quelques-uns s'emportent lors que
l'inflammation ſuccede à la chaleur , &
c'eſt là auſſi qu'on fait les querelles d'Alleman. Ie ne parle que des perſonnes mé-
diocres , qui naiſſent & qui vivent avec
l'eſprit du païs , & non pas de ces ames
choiſies qui ſont le pur ouvrage du
Ciel , qui eſt bien plûtot le lieu de leur
origine que la terre. Oſerois - je citer
V. A. peut-on dire de quelle nation Elle
eſt , Elle n'a les defauts de pas une , ou
plûtot de quelle nation ne peut-on pas
dire qu'Elle eſt , puiſqu'Elle a toutes les
qualitez & tous les avantages qui ſont
naturels à chacune. Enfin la table chez
les Allemans n'eſt pas comme par tout
ailleurs d'un certain endroit & à certaines rencontres , elle eſt de toutes les
occaſiõs , on commence & on finit
toûjours par là , & dans la conduite de
leur vie on pourroit dire que c'eſt la matiére prémiere dont le reſte des actions
& des affaires , eſt la forme. Ie n'en fais
point de fin , *Monſeigneur* , ce talent de
bouche eſt la partie vitieuſe de leur génie. Mais quelle nation au monde n'a

pas

pas son defaut. Vn Ambassadeur Alleman rendit bien le change a un François qui poussoit un peu loin sa raillerie, il est vray dit-il, les Allemans ne sont fous que dans le vin, mais les François le sont toûjours. Il faut aussi demeurer d'accord que cette passion a de moindre suittes que toutes les autres ; Elle abrege un peu la vie, elle charge le ventre & la taille, elle fait des geans en rondeur & en épesseur, & enfin ce qu'elle a de plus facheux, c'est qu'o a peine à juger si c'est une folie qui a ses intervalles dilucides, ou si c'est un bon sens sujet à des foiblesses & à des transpors periodiques ; ou pour parler plus poliment à V. A. si c'est une folie ou une sagesse intermittente. D'ailleurs elle ne corromt point leur moralle. Ce sont les meilleures gens du monde, pourveu qu'on en excepte ceux qui ne le sont pas : ils ont de la probité, de l'honneur, de la franchise, & un esprit d'équité tout entier. Ces qualitez leur sont comme naturelles & se trouvent même parmy ceux qui n'ont aucune éducation : c'est peut-être la raison qui les fait aymer generallement de toutes les nations, bien qu'ils

ne prennent pas de grandes mesures
pour les ménager chez eux , & qu'ils ne
les considerent qu'à proportion qu'elles
s'accommodent à leur maniere de vivre.
Ils ont plus d'esprit que d'imagination
& plus de jugement que de delicatef-
se. Leur solidité quoy qu'un peu terre-
stre , est d'un usage merveilleux aussi
bien dans les negotiations importantes
que dans le commerce ordinaire : Elle
les dispose méme à faire de grands progrez dans les lettres. Il y en a de tres-
savans parmy eux, mais il n'y en a point
qui ne le soit un peu. La langue de la
vieille Rome leur est aussi commune que
celle du pays : il est vray que comme on
reprochoit la Patavinité à Tite Live, on
leur pourroit dire en passant que leur Latin a un peu de Germanie. Leur politique n'est pas la plus belle ny la plus fine,
elle ne va pas à faire des Heros & des
Cóquerás, mais elle est solide & côstan-
te,& peut procurer le repos & la felicité
des peuples. La distribution de la justice
n'y a point de circuit , ny toutes ces ex-
plications chimeriques qui éternisent
la mauvaise fortune des miserables;
les Iuges y sont des hommes & non

pas

pas des demy-Dieux comme chez-nous.

La médecine s'y fait tout autrement qu'à Paris, & si Vous en exceptez un petit nombre, & ceux-là sont les plus sçauans, & les autres ne parlent que de secrets & de miracles. Vn grain de leur poudre noire, jaune ou blanche suffit pour guerir toute sorte de maladies, mais l'expérience ne s'accorde gueres avec leur promesse. Ceux qui ont le plus étudié ne sont pas ceux qui y sont le plus employés, non plus qu'ailleurs; le bonheur d'un Médecin y dépend d'une certaine fortune aveugle que je ne Vous saurois expliquer, mais qui depend d'ordinaire de la voix du peuple, j'entens de ceux qui n'y connoissent rien. Vn malade se laisse aisément emporter à celuy qui luy promet sa guérison en vingt-quatre heures, mais il ne s'y trouve pas souvent en état de remercier son Docteur, aussi fais-je grande difference entre un Docteur en médecine & un véritable Médecin.

Les Allemans ne sont pas si magnifiques que quelques autres nations, mais je les trouve pour le moins aussi raisonnables, & on les doit plûtot apeller

ler

ler bons ménager que chiches. Ie ne parle icy que du commun peuple , mais
nullement des Princes , ny de ses grandes ames que Dieu à faites pour commander aux autres , qui ne cherchent
que l'occasion de faire du bien , & qui
comme dit tacite, ne font cas des richeffes que pour les donner. Ie l'ay même
éprouvé quelquefois : Il a plû à S. M. I.
m'honorer d'une chaîne d'or , que je
conserueray toute ma vie comme une
marque de ma bonne fortune.

On se pique en Allemagne de prote-
ger les opprimés & de leur faire du
bien; la maxime n'est pourtant pas géne-
merale , mais je parle de la plufpart. Les
Allemans font riches , & quoy-qu'ils
n'ayent pas tant d'or que d'autres, ils
ont chez eux de toutes les chofes necef-
faires à la vie fans le fecours des Etrangers, & font beaucoup plus contens;
n'apelle-t'on pas cela être plus riche. Ie
n'aurois jamais fait fi je difois à V. A.
tout le bien que j'en penfe, Elle les connoit mieux que moy , ainfi ie ne doute pas qu'Elle n'en penfe encor davantage.

Il me fouvient & peut-être trop tard
que

que j'ennuye V. A. d'une abondance qui
ne répond gueres à son goût , & pour
finir par où j'ay commencé , j'ay voulu
luy obeïr , parce qu'Elle me l'a com-
mandé ; Si je n'ay pas trouvé moyen de
luy plaire , Elle a tant de justice & de
bonté qu'en remarquant ma foiblesse,
Elle ne laissera pas d'étre persuadée de
mon zele & de ce profond respect avec
lequel je suis ,

*Monseigneur ,*

De Vôtre Altesse ,

*Le tres-humble & tres-*
*obeïssant* serviteur

**CHARLES PATIN.**

*La datte de cette Lettre est assez diffi-
cile à remplir, car elle a été écrite à plusieurs reprises : Ie l'ay meditée en reve-
nant de Vienne à cheval, en bateau & en
calêche, & ie l'ay écrite quand j'ay eu le
loisir en differens iours du mois d'Aoust,
1669.*

*O Melibæe, Deus nobis hæc otia
fecit,
Namque erit ille mihi semper
Deus.*

**SECONDE**

# SECONDE RELATION,

*A Son Alteſſe Sereniſſime,*

# HEBERHARD,

Duc de VVirtemberg & de
Teck, Comte de Montbeillard,
Seigneur de Heidenhaim, &c.

ONSEIGNEVR,

C'eſt aſſez pour me faire parler, de
ſavoir que V. A. S. veut bien m'entendre.
Il y a tant d'honneur a entretenir un ſi
grand Prince, qu'on n'a pas de peine
à ſe commettre. On ſe perſuade aiſément
qu'on luy pourra plaire, parce qu'on a

la

la plus grande paſſion du monde de le faire, & que ne produiſant par tout ailleurs que des choſes fort communes, on fera des miracles dans une ſi belle occaſion. Seroit-ce trop pour V. A. S. qui goute à peine ce que les autres admirent, mais qu'Elle n'en attende point de moy ; je ne ſuis tout au plus qu'un Curieux, qui n'ay icy pour la divertir que quelques beautez de Baviére & du Tirol.

La Curioſité eſt charmante, *Monſeigneur*, quoy qu'en diſent ceux qui ne l'aiment pas : Elle polit l'eſprit, elle affine le jugement, & enrichit la mémoire ſans la charger; elle fait ſuivre la peine ou plûtot les inquiétudes voluptueuſes qu'on ſe dóne dás la recherche du plaiſir de la nouueauté ; mais d'une nouveauté, ſurprenante, precieuſe & ſolide, qui ne vieillit point avec le tems, parce qu'elle ne laſſe ny les yeux ny le gouſt. La Curioſité ne peut toucher que les grandes ames, qui ont trop peu de toutes les choſes ordinaires, qui aſſemblent les ſiécles & découvrent la nature pour ſe ſatisfaire & s'occuper plus noblement; qui cherchent la vérité dans ſes originaux

&

& s'attachent à ces fortes de traits &
de beautez qui viennent d'une main plus
fauante que celle de l'Art, qui par le
choix de ce qu'il y a de meilleur dans
le monde s'en font un nouueau, qui fa-
vent unir l'efprit & les fens dans le concert d'une même volupté, & les mettre
en focieté de goût, en donnant des yeux
à la raifon & de la raifon aux yeux.
C'eft là le Genie de la Curiofité, qui
n'eft ni cette inclination de bagatelles
& de petites chofes qui amufent, ni
cette impetuofité du luxe qui abîme les
richeffes. Ella a plus d'élevation que
celle-là, moins d'emportement que celle-cy, & la clarté & le difcernement
qu'elles n'ont ni l'un ni l'autre. Auffi
eft-ce cette paffion toute diuine qui a
infpiré les Sciences & les Arts, qui a
embelly la terre, qui a ouvert les che-
mins de l'Ocean, & enfin qui nous a fi
bien logé dans le monde. On a vû dans
les Republiques & les Empires, la curiofité s'augmenter avec la puiffance,
comme fi l'ambition des Heros n'eut
trauaillé que pour Elle. La victoire,
*Monfeigneur*, n'avoit gueres plus de part
aux triomphes que la Curiofité, qui

étoit

étoit étallée comme le fruit le plus
doux de la gloire ; & les grands Hommes aprés les fatigues de la guerre rele-
voient l'oiſiveté de la paix par des en-
trepriſes que la Curioſité leur inſpiroit.
Ces Temples, ces Pyramides, ces Am-
phithéatres, ces Colomnes qui ne tôbe-
ront qu'avec le móde, ces arcs conſacrez
à l'Eternité, ces Aquedacs, cette levée
de trois cent lieuës, qui faiſoit le chemin
des Alpes à la Calabre, ces digues qui
forcent encor aujourd'huy la mer, dont
la fermeté & la maſſe paſſeroient à
nos yeux pour des ouvrages du Tout-
puiſſant, ſi l'Hiſtoire ne nous des-abu-
ſoit, ſont des productions magnifiques de la Curioſité. Mais ſi j'ay jamais
eu de la véneration pour Elle, c'eſt dans
cette conjoncture bien-heureuſe, où elle
me produit à V.A.S. & me fournit de la
matiere pour luy faire une lettre.

La diverſité des opinions & des ſentimens a ſon utilité parmy les Hommes:
Elle pouſſe l'éſprit à la recherche de la
vérité, & le tire de l'aſſoupiſſement en
le tenant en haleine: Elle introduit toutes ces differentes maniéres de vivre,
qui fout leur beauté dans le monde.

C      Cette

Cette bigarrure qui se trouve par tout,
dans la politique, dãs la morale & dans
le commerce, est la plus agréable médi-
tation d'un Curieux, qui sans se donner
la torture comme ces malheureux Phi-
losophes, admire, étudie, joüit & rai-
sonne selon la mesure de ses forces.
Qu'il y a de plaisir, *Monseigneur*, de
voir deux Sages prendre des routes differentes pour aller au même but, conte-
ster toûjours pour la verité & vivre toûjours dans l'erreur, courir toute leur vie
apres le bon sens & mourir avant que de
l'avoir atteint. Qu'il y a de plaisir de remarquer que rien n'est moins semblable
à un homme qu'un homme, & que si
Dieu n'avoit tiré luy-même de sa main
les traits de son visage, il trouveroit le
moyen de se defigurer & de passer dans
une autre forme; mais son caprice ne
peut aller jusques-là : il se peut defaire
de l'humanité & non pas de sa figure.
Et s'il m'est permis, *Monseigneur*, d'aller où je sens mon imagination s'écar-
ter, ne peut-on pas dire, que l'homme
naît avec une certaine disposition vni-
verselle à toutes les natures d'animaux,
que par la raison, il se fait homme, &
par

par les paſſiós, il deviét bête, d'une eſpece ou de l'autre, ſelon le penchant qui
l'emporte. On ne voit autre choſe que
de ces ſortes de bêtes maſquées, des
lyons, des aigles, des tigres, des renards,
des chevaux, des ânes, des porcs, & des
inſectes même ſous le maſque de l'homme. V. A. S. qui porte ſa veüe ſi loin, n'en
connoit qué trop de ces animaux huma-
niſez, de ces monſtres à la mode. Ie
crois qu'Elle y fait quelquefois d'a-
gréables reflexions : mais je reviens à
mes premieres penſées, que ce ſont des
choſes differentes, qu'un peuple & un
peuple, une nation & une nation.

On trouve par tout de nouvelles coutumes, de nouvelles religions, de nouvelles manieres de s'habiller, de manger,
de vivre, & de mourir même. Et ſans
étendre trop la matiére, les Sages, &
les Iuges parmi les Chinois ſont vêtus
comme nos harlequins, & leur Ponti-
fes comme nos Comédiennes : ils con-
ſacrent à leur Religion, ce que nous de-
teſtons dans la nôtre ; le débordement
du ſexe, qui nous fait horreur les char-
me & leur imprime de la veneration.
Les Indiens brûlent les morts, les Ame-



riquains

riquains les mangent, & nous les enter-
rons; les Egyptiens les expofoient à l'air
par une fuperftition qui ne laiffe pas d'a-
voir de la fubtilité dans fa rêverie; ils
croyoient qu'il y avoit de l'injuftice de
cacher les morts dans le fein de la terre, que le Ciel & les autres Elemens
avoient leur part à ces cadavres, &
qu'on leur en devoit la reftitution qui
ne fe pouvoit mieux faire, qu'en les de-
pofant dans ce grand vuide qui leur eft
commun à tous. Auffi n'élevoient-ils
ces Pyramides fuperbes, que pour leur
feruir de tombeaux. V. A. S. fait jufqu'où alloit la magnificence de ces ouvrages, où l'on remarque encore aujourd'huy la témerité de l'Art, les prémieres beautez de l'Architecture, les
miftéres de leur Religion & les fecrets
de leur Hiftoire & de leur politique: auffi fervent-ils de monument à l'Egypte,
auffi bien qu'aux Egyptiés Que cette favante nation avoit trouvé de moyens
contre les accidens de la mort, elle la lo-
geoit dans ces édifices immortels, elle
éternifoit les cadavres, & par des fecrets
inconnus au refte de la terre, elle les de-
gageoit de ce mélange d'élemens qui
                                        les

les corromt pour ne leur laiffer que
la portion toute pure de l'homme, la
forme & la figure, fur une efpece de matiére premiére. On voit encore aujour-
d'huy de ces effigies naturelles, de ces
fpectres précieux, où l'on admire tout
enfemble l'impreffion violente des tems
& la force invincible de la Mumie. Il
y en a un à

## V L M E,

Dans le Cabinet de Mr. *VVeichth-*
*man*, qui me femble d'autant plus admirable qu'il eft entier, & qu'il s'eft con-
fervé fans baume & fans médicamens.
On le trouva le fiécle paffé dans les fables de l'Arabie; les ardeurs du Soleil qui
y font violentes, ont aparemment diffipé
toute l'humidité de ce corps, qui eft cóme nous fauez, *Monfeigneur*, la difpofitió
prochaine de la corruption, & luy ont
communiqué par la longueur du tems
cette chaleur préfervative qui réfifte
aux impreffions étrangeres, ce qui
fe remarque à la feichereffe, à la couleur & à la légereté. J'ay lû dans Hé-
rodote qu'une Armée fut accablée d'u-
ne montagne de fable que les vents

transportoient de temps en temps , &
que plusieurs années apres , un vent
contraire ayant repoussé ce sable à leur
première place découvrit aux habitans
du pays les corps de ces soldats aussi en-
tiers que s'ils eussent expiré le même
jour. On voit au même Cabinet une infinité de choses surprenantes en matiere de curiosités naturelles.

Monsieur *Schermeier* m'a fait voir de
grands fonds de médailles , d'où il pretend tirer une suitte pour toute l'Histoire universelle , & au defaut d'originales qui ne se trouvent point de tous
les tems , il se sert du Promptvaire
des Medailles , & de tout ce qui peut
contribuer à sa pensée. Il a même employé la pluspart des types & des devi-
ses , qu'on voit dans la France Mé-
tallique. Ie me servis de la liberté
Françoise pour luy dire que ces deux
livres n'avoient gueres de reputation,
que les Savans & les Curieux principalement n'aimoient pas les fictions dont
ils sont remplis , & ce qui se peut faire
d'utile en cette matiere , doit toûjours
être fondé sur la verité , & sur les pieces originales. Il parut assez étonné
d'entendre

d'entendre de si mechantes nouvelles
de deux livres qu'il estimoit fort. Son
trauail est pourtant curieux & contient
des desseins tres considerables.

Que dire à V. A. S. de la ville *d'Vlme*
qu'Elle ne sache pas, il n'y a rien de secret pour Elle, ny dans ses interests, ny
dans ses relations, ny dans ses forces.
Elle est sur le Danube qui y commence
déja à prendre ce grand air & cette pe-
sante rapidité du premier fleuve de l'Europe. Onze bastions qui la ferment l'ont
sauvée de la desolation que les dernieres guerres ont portée par toute l'Allemagne, mais l'honneur qu'elle a d'avoir
des liaisons avec V. A. S. est à mon avis
le gage le plus illustre de sa seureté.
L'oiseau de Minerve étoit hay de tous
les autres, mais parce qu'il étoit prote-
gé de cette Deosse, on n'osoit luy faire
de violence. V. A. S. sait les moyens de
se faire aymer, mais Elle ne sait peut-
étre pas jusqu'où va l'ardeur qu'on a
pour Elle, je voyois grossir le nombre
de mes amis au moment que je me de-
clarois de ses serviteurs, & quand par
quelque occasion j'ay voulu montrer
son portrait & la chaîne d'or dont Elle


m'a

elle m'a honorée, j'ay été surpris de l'estime extraordinaire qu'on avoit pour moy. On reveroit en Egypte les animaux qui étoient chargés du simulacre de la Déesse Isis, sans considerer leur bassesse, j'ay reconnu en cent rencontres qu'on ne me faisoit de l'honneur que parce qu'on Vous en vouloit faire. Mais il faut remettre ces pensées dans un autre tems où je pourray m'étendre davantage. D'Vlme, je passay à

## AVGSBOVRG;

l'Allemagne n'a gueres de Villes plus belles ny plus riches. L'accord que Charlequint y passa avec les Protestans sur le point de la reformatió de Luther, & l'établissement de leur liberté, qui y fut autorisée dans les termes de cette professió de foy connuë par tout le monde, sous le titre de Confession d'Augsbourg, la rédra fameuse dans tous les siécles. Les avenuës, les fontaines, les places publiques, l'Hôtel de ville, tout y est magnifique. L'Empereur qui a les lumiéres des plus justes sur toutes choses, dit aux Magistrats en admirant ces grandes dépenses

dépenses , que ceux d'Vlme avoient
mieux disposé du bien public, quand ils
l'avoient employé aux fortifications ,
parce que la beauté d'une ville n'asseu-
roit ny son repos, ny sa liberté , comme
l'épaisseur de ses murailles , & le nombre de ses bastions. Il n'y a rien de plus
superbe que le palais des Foulcres , ny
de plus achevé que les peintures qui
l'embellissent au dehors: Il est vray qu'a-
pres y avoir admiré les beautés de l'Art,
on ne trouve gueres son comte au raport de certaines copies de médailles
Romaines qu'on a tirées dans les endroits detachés des grands ouvrages.
Il est constant qu'elles n'ont point d'o-
riginaux, & qu'on a peine à y remarquer
le moindre goût de l'antiquité. On
s'est contenté de voir le mot de T v l-
l i v s sur une antique , pour y prendre le portrait de Ciceron, quoy que
la teste dans la médaille ne représente
que le Genie de la ville de Rome , on
n'étoit pas si delicat en ce tems-là qu'on
l'est aujourd'huy , c'est qu'on étoit
moins savant.

Augsbourg a eu sa part des derniéres guerres. Ses rempars , frappés

du foudre Suédois ne font pas ſi bien
rétablis qu'ils ne rapellent encore les
idées des anciennes terreurs. On y voit
l'endroit où le grand Guſtave avoit
campé ſon armée : Il y a de la gloire
pour elle d'avoir été vaincuë par ce Heros de nos ſiécles, & ſi l'Allemagne qui
a occupé ſa valeur, n'a pas été ſa conquête, elle a fait en cela quelque choſe
de plus que tout le monde enſemble, à
qui il n'a fallu qu'un Alexandre ou un
Ceſar. Ie ne ſay ſi les Dieux que l'Hiſtoire adore, ſeroiét aujourd'huy des Gu-
ſtaves, mais je ſuis aſſuré que ce grand
Roy de Suede auroit bien été l'Alexandre des Grecs & le Ceſar des Romains.
Ces penſées ſont trop ſérieuſes & trop
éloignées de mon deſſein ; Ie reviens à
la curioſité.

On la trouve toute entiére chez Mó-
ſieur *Thoman*, qui occupe le reſte du
tems que ſa Republique luy laiſſe, à
amaſſer ce qu'on peut avoir de curieux.
Les médailles antiques & modernes
tiennent le premier rang dans ſon cabinet, & enſuitte les livres, les tableaux,
les bſta{pes} & les bijoux : je remarquay
chez luy un portrait de la main d'Al-

bert Durer, d'auſſi bon gouſt que j'en aye vû ailleurs.

Monſieur *Verner* n'aime pas ſeulement la curioſité, il en eſt la ſource, elle part tous les jours de ſon génie & de ſes mains; C'eſt le pere d'vne infinité d'expreſſions qui charment les yeux & raviſſent l'imagination. Ce jeune peintre à déja tous les grands coups de l'Art, & donne de la jalouſie & de l'admiration aux premiers Maiſtres, Le Roy l'eſtime & a choiſi de ſes miniatures pour ſon Cabinet, c'eſt à dire pour leur donner place parmi les plus belles choſes du monde. Que peut-on ajoûter à cét éloge?

Dans l'Egliſe de S. Vldric on voit ces inſcriptions Romaines enclaûées dans le mur.

VITALIVS VIGOR
SIBI ET VITALIO
VIRILI FRATRI
VIVOS FECIT

 CVRIO

2

CVRIONI AL. III. L. ET....
COS ET FL. DECORATO....
LEG. III. ITAL.....DIVS....
VIV............

En sortant d'Augsbourg, je tournay
du côté du midy. J'y vis le Soleil plus
beau que d'ordinaire ; Il me semble que
ce n'étoit point celuy de tous les jours,
sa chaleur animoit les campagnes, &
cuisoit les moissons à ma vûe : je trouuois que sa lumiere seruoit moins à re-
pandre le jour, qu'à embellir tout ce
que je voyois. L'air y étoit pur & doux;
je respirois comme une essence vivifian-
te qui me redonnoit une nouvelle vie, &
de nouvelles forces. Pour lors je demeuray bien d'accord que l'Italie étoit la
partie enchantée du monde & la terre
des délices & des plaisirs. Je ne m'éton-
nay plus qu'elle eut été le siége de la
gloire & le partage des Conquerans, &
que tant de natiós y fussent venuës cher-
cher

cher la felicité, puisque c'est sa patrie. Ie
me souvins en même rés du passage mi-
sterieux d'Hánibal, dónt nous n'avós pas
encore aujourd'huy l'éclaircissement, *&*
*montes rupit aceto.* Ie passay comme luy
par les Alpes sans faire tant de dépense
en vinaigre ; nos desseins étoient bien
differens, il alloit porter le feu & la
guerre dans Rome pour y détruire les
marques de sa grandeur, & je ne son-
geois qu'à les conserver, à les rétablir &
à les publier. C'est que je suis Curieux,
*Monseigneur*, & il ne l'étoit pas.

L'Italie est fermée de tous côtez par
des montagnes d'une hauteur extraordinaire: si ce ne sont plus des réparts pour
la défendre, au moins servent-elles
d'amphitheatre pour voir à son aise ce
bienheureux pays. Ce fut de là que j'a-
perceus les plaines

## DV TIROL.

L'In qui les mouïlle au travers d'u-
ne diversité surprenante de paysages,
produit le plus bel effet du monde
dans l'éloignement de la perspecti-
ve. Ie voyois la force & la viuacité
de la Nature dans les agréemens d'un
tableau

tableau & les douceurs d'une miniatu-
ture. Moyse n'eut pas de plus grands
transports quand il découvrit cette terre de benediction que le Seigneur avoit
promis à son peuple ; le lait ny le miel
ne coulent pas de celle-là, mais toutes
les douceurs de la vie y sont dans une
telle abondance, que considerant les
choses comme elles sont aujourd'huy,
cette Terre Sainte qui merite d'ailleurs
tant de veneration passeroit auprés d'elle pour vn desert. Les Turcs qui la pos-
sedent ne tirent du lait que de leur trou-
peaux, & du miel que de leur ruches :
je n'ay jamais oüy dire qu'ils ayent employé deux esclaves à porter une grappe
de raisin, comme on faisoit autrefois:
C'est qu'elle n'est plus la terre de ce
peuple bien-aimé, qui vivoit parmi les
miracles, & que l'infidelité qui y regne,
en a écarté les benedictions.

Les Habitans du Tirol trouvent tout
chez eux, de belles moissons & de
grands vignobles. Leurs vins sont exquis, la force & la delicatesse qui se dé-
truisent par tout ailleurs, y sont d'intelligence & leur donnent une seve qui
flatte & qui penetre le goût tout ensemble.

ble. Leur bétail est admirable. Ils ont des oyseaux si extraordinaires que les Chasseurs n'en connoissent pas les especes : On m'en a fait voir, qui ne vivent que de la raisine des sapins, aussi n'ont ils pas d'autre saveur. On les appelle des Attagenes, & je me souviens d'avoir lû leur nom dans Pline. Ces oyseaux sont bien frians de ne vivre que d'extraits & de quintessence. Les mines de cuivre y sont si abondantes, qu'elles fournissent presque toute l'Allemagne: Les ouvriers de Nuremberg s'en accommodent mieux que des autres, parce que le metal qu'on en tire est plus doux & & malleable. L'argent y est commun & l'or moins rare qu'ailleurs. Vn particulier qui n'en savoit que faire demanda permission à l'Archiduc d'en faire couvrir une partie de sa maison : la réponce fut agreable, *Ie vous le permets,* dit le Prince, *mais ie ne vous répons pas des larrons.* Cette galerie couverte de deux ou trois mille tuiles d'or, apartient aujourd'huy à l'Empereur. On m'a dit qu'un Iuif en avoit offert cent mille florins de chacune, un Chrétien iroit plus loin, car les Iuifs n'achetent qu'à la Iudaïque.

daïque. Ce toit mettroit bien des gens
à couvert de la pauvreté, qui se pare-
roient à meilleur marché de la rigueur
des saisons.

Tout cela ne satisfait pas V. A. S. il
luy faut des nouvelles d'une curiosité
plus fine, & je connois bien qu'Elle se
plaint de mes égaremens : J'en veux sortir, *Monseigneur*, pour Vous dire ce
que j'ay vû de plus beau & de plus curieux à

## INSPRVCK.

C'est une ville que la guerre n'a pas
ruiné : La sagesse de ses Princes y a conservé le repos interieur, & la situation
du pays la défenduë des entreprises étra-
geres. V. A. S. sait qu'il n'est accessible
que par deux endroits, où quatre cent
hommes en peuvent repousser quaran-
te mille. C'est dans cette riche plaine
que les Archiducs d'Austriche ont étably le centre de leur tresors. Ferdinand
y fit bâtir à demy lieuë d'Inspruck le
Château d'Amras, c'est là, *Monsei-*
*gneur*, où je vis de ces sortes de choses dont j'estime que le recit plaira à
V. A. S. Monsieur Roland qui en est Gouverneur me donna la joye toute entiere.

son merite est extraordinaire & sa maniére d'agir, la plus obligeante du monde. J'avois des lettres de Sa Majesté Im-
périale qui me donnoient toutes les ouvertures, mais je remarquay aux empres-
mens qu'il avoit pour moy, que non seulement il honoroit les ordres, mais qu'il
aimoit encor le porteur, & que je n'en serois pas quitte de ne devoir la vûe de
tant de belles choses qu'aux bontez de
l'Empereur, luy ayant l'obligation d'u-
ne partie du plaisir qu'elles m'ont dôné.

Apres avoir remarqué les dehors du
Château, sa situation, l'ordre de ses batimens, & ce qu'il a de deffense, j'entray &
m'appliquay tout entier la vûe à joüir
de ses thresors. Les premieres choses qui
se présenterent sous ma main, furent de
ces sortes de pierres dont les Romains
se servoient pour marquer la distance
des lieux, que l'on contoit en ce tems-
là par *tertio* ou *quarto ab Vrbe lapide*.
Quelques unes n'avoient pas d'inscription, celles qui en avoient, s'accor-
doient avec ce que je sçay d'Histoire ancienne.

De là je passay dans deux galeries
pleines de toutes les différentes armures
qui

qui sont en usage aujourd’huy & qui
l’étoient dans les autres siécles. Elles
me firent faire cette reflexion que les
hommes pour avoir des peaux de fer &
d’acier, ou au moins des habits de cette étoff., n’étoient ni invulnerables ni
immortels. I’y vis les armes des deux
Maximiliens, de Charlequint & de
quelques autres Empereurs. I’y vis celle du Roy François premier avec l’habit
qu’il avoit à la bataille de Pavie : Ce qui
me fait souvenir que j’en avois déja vû
un au Cabinet de Bruxelles : de telle
sorte qu’en ce jour-là il mit deux habits,
ou ses habits furent partagez pour en
faire valoir la conqueste à Bruxelles &
à Infpruck. Celles de Charles neuf,
Roy de Fráce, de Ferdinãd & de Philippe Rois d’Efpagne, de Don Iean d’Austriche & d’une infinité d’autres Princes. On me dit que celles-cy étoient les
mémes qu’il avoit portées à la fameufe
bataille de Lepante. Ie m’arrétay quelque tems à celles d’Alexandre de Parme
Gouverneur des Pays-bas, en repaffant
par ma memoire tant de grandes chofes
que Strada m’avoit appris de luy. Ie ne
fay s’il ne manquoit rien à fon merite,

mais

mais ie suis persuadé que son histoire ne
peut être plus belle , & qu'Achille &
Alexandre ne sont pas mieux en Historiens que luy. I'y admiray les armes du
grand Soliman ; elles inspirent encor de
la terreur : je me souvins avec quelque
effroy que ce Mahometan avoit fait
trembler toute la terre. La pluspart des
grands Capitaines de nos derniers tems,
y ont aussi les leurs. L'Archiduc Ferdinand avoit fait cette conqueste ; la pouvoit t'on porter plus loin, *Monseigneur,*
que de desarmer tant de Heros. Mais ce
n'étoit qu'une conqueste d'amitié ; ce
Prince le plus Curieux de son siécle savoit l'estime qu'il falloit faire de ces
précieuses dépoüilles , il les demandoit,
& même on le prevenoit quelques fois.
Ie say qu'on luy en a offert , de peur
que n'étant pas recherchées , elles ne
manquassent la bonne fortune d'être si
glorieusement consacrées.

A un bout de l'une des galeries, je vis
la réprésentation d'un Geant & d'un
Nain , dont on avoit eu à Vienne les
Originaux vivans. C'est une chose surprenante que cette exorbitante inégalité de taille entre deux hommes ; le plus

vieux ne pouvoit porter sa main an
nombril de l'autre. On fit un vaudeville
de ce que ce Nain donna un souflet au
Geant : il est vray que celuy-cy ramas-
soit le gand de l'Empereur, qui ne l'a-
voit laissé tomber que pour le mieux di-
sposer à la portée du souflet. On aime
encor à Vienne ces jeux de la nature, soit
qu'on y admire sa capacité, de pouuoir
faire des hommes de plus d'une sorte,
soit qu'on y admire son égarement, de
faire quelquefois bien plus ou bien
moins qu'elle ne doit. Leurs Majestez
Imperiales ont de ces Geants & de ces
Nains que je n'ay jamais pû voir sans
une espece d'horreur, tant ils sont éloignez de la proportion & de la mesure
ordinaire des autres hommes.

On voit dans une salle toutes les sortes d'habits dont les Turcs se servent
chez eux & à la guerre. Il y a des vestes,
où le prix, la qualité, l'abondance &
la couleur de l'étoffe font connoître
le genie de cette nation pour le luxe &
la magnificence. Cette maniére de se
parer passe toutes les nôtres, que le caprice seul introduit, & dont le changement continuel ne marque que trop
le

le deffaut. Si nous avions une-fois donné dans ce grand air d'habits, dans
ces draperies superbes, peut - être
que nous y demeurerions & que nôtre
mode deviendroit une coutume comme
chez eux:ces Infidelles l'emportét de ce
côté là. Vn de leurs Visirs dit un jour à
l'Ambassadeur de Venize,que les Chrétiens se mocquoient & qu'ils ne s'habil-
loient pas:Le Venitien auroit pû répondre ailleurs qu'à la Porte, il est vray,mais
c'est dommage de voir des pourceaux
comme vous autres, sous des ornemens
de Souverains. I'y remarquay des Tur-
bans de cent façons:on ne s'imagineroit
pas qu'ils eussent tous un même usa-
ge.Les plus beaux ont quelque chose de
fier, & quoy qu'en dise nôtre politesse,
ces montagnes de lin coëffent bien ces
Barbares, & ne deguiseroient pas nos
Heros:Elles donnent une hauteur & une
seuerité à la mine qui releveroit la Majesté même. Il y a des sabres précieux par
les trempes & curieux par les richesses
qui les couvrent: La fureur feroit bien
de la besongne avec ces instrumens:En-
fin tout ce que nous estimons de ce
pays-là, s'y trouve.

Dans

Dans la même salle il y a deux figures qui représentent deux Seigneurs Turcs à cheval. I'y remarquay autant de grandeur, de mine & de fierté que l'Art en peut donner à des copies. Il y a apparence que les Originaux étoient bien autre chose. L'un étoit Aga des Ianissaires, l'autre Beglerbey ou Bassa d'Offen. Ils avoient esté pris prisonniers en differentes occasions, & donnérent pour une partie de leur rançon ce qui se trouva de plus précieux dans leur équipage. C'est ce qu'on conserve-là tres-précieusement & qui merite bien bien de l'étre : non seulement les habits, mais les housses, les selles & les brides des chevaux, sont chargées de rubis, d'émeraudes, de grenats, de topases & de perles. Ce sont autant de thresors prodiguez.

I'entray dans une autre galerie pleine de tableaux des meilleurs Maîtres : il est vray qu'ils ne sont pas tous choisis comme à Vienne. Ie m'appliquay particulierement au portrait d'un Seigneur Hongrois, moins pour l'excellence de son ouvrage que pour le prodige qu'il me faisoit voir. Vn coup de lance dans
l'œil

l'œil qui penetroit la substance du cer-
veau, jusqu'à la partie posterieure de la
tête, & qui ne fut pas mortel : C'est un
secret de la nature qui nous est bien caché, & qui met bien en desordre tous
nos raisonnemens.

Ie ne me donnay gueres le tems de
considérer ces peintures en particulier,
je fus emporté par la diversité des autres choses qui ne m'etoient pas si fami-
liéres. Entre un grand nombre de bois
de cerfs qui y sont extraordinaires, j'y
en remarquay un comme enclavé dans
un tronc de chêne, sans qu'on y puisse
même soupçonner d'artifice. On l'a
coupé exprez pour luy donner place
parmy les choses singuliéres. Ie me
souviens de ces deux bois que j'avois
vû au milieu de tant d'antres, dans vôtre Salle des Gardes à Stugard, *Monseigneur*, qui sont si fort embarrassez
l'un dans l'autre, qu'ils semblent marquer encor la fureur des deux animaux
qui ne la finirent qu'avec la vie.

Cette même galerie semble en faire
deux, par vint armoires qui sont au milieu, hautes de douze piéds & larges de
six, où on a partagé ce qu'il y a de plus
riche

riche & de plus rare. On rencontre dans la prémiere des pieces d'albastre & de marbre dont les couleurs & les nuances surprennent les yeux. Dans la seconde une infinité de vaisseaux de verre, & tout ce qu'on peut s'imaginer d'ingenieux dans l'Art de la verrerie. Dans la troisiéme, du Corail de toutes les especes & de toutes les couleurs: Il y en a de blanc, de rouge, de noir, de gris, & de violet : Il y en a en forme d'herbe, d'arbrisseau & de branche : on y en voit de trauaillé en tête d'homme, en rocher, en chapelet, & en une infinité d'autres figures. Dans la quatriéme, des pierres précieuses travaillées, antiques & modernes ; la pluspart sont agathes, jaspes & cornalines. Il y a des rochers chargez de perles & de riches pierreries. Enfin les bijoux de cette nature y sont en si grand nombre, que cette armoire seule est un tresor inestimable. Dans la cinquiéme, des urnes de terre sigillée, d'autres de porcelaine de la Chine & du Japon, entre lesquelles on en remarque de contrefaites : ce sont les communes qui viennent d'Hollande, & qu'on a mis en vogue pour se sauver d'une plus grande depense.

dépense. Ne croyez pas , *Monseigneur* , qu'elles soient là pour faire nombre , il y a du dessein & de l'esprit : les belles choses rendent plus d'éclat dans la société des communes , la comparaison qu'on en fait releve leur prix. On peind quelque-fois une Ethiopienne auprés d'une belle femme ; Elle y trouve son compte , la laideur qu'elle a à ses côtez, est un fard detaché qui luy donne de nouveaux charmes : un flambeau qui pâlit au Soleil , brille dans les tenebres.

On voit dans les autres des curiosités de toutes les maniéres , mais une plus longue description fatigueroit V.A.S. Ie la laisseray pour ne luy parler que de ces sortes de choses dont il me semble qu'Elle demande des nouvelles plus exactes. Il y a une suitte de medailles d'or antiques, depuis Iules Cesar jusqu'à Heraclius ; c'est la plus parfaite que j'aye vüe & par le nombre & par la beauté. On ne trouvera point ailleurs de médailles ni plus conservées ni plus rares. Il y en a une autre de Consuls & d'Empereurs & une infinité de médailles d'argent , mais celles de

D

cuivre

cuivre font infiniment plus précieufes
que toutes les autres. Il n'y avoit qu'un
Prince fi curieux & fi favant qui en pût
faire le choix & la dépenfe. Quand Sa
Majefté Imperiale aura joint ces pieces
incomparables, à tant d'autres qu'Elle a
à Vienne, je fuis perfuadé que fon Cabinet & celuy du Roy, feront les premiers & les plus confiderables. N'eft-il
pas jufte que tout ce qu'il y a de beau
& de rare, fe partage entre les plus
grands Princes du monde, & que ces ve-
nerables monumens de l'antiquité trouvent des aziles auffi affeurez contre les
injures du tems & les accidens de la
mauvaife fortune.

Il eft tems de dire quelque chofe à
V. A. S. de cét incomparable Archiduc,
En travaillant pour fon plaifir, il trauail-
loit pour fa gloire; fa curiofité ne l'é-
puifoit point, elle relâchoit cette grande ame qui s'en trouvoit mieux difpofée
à la vertu. Sa vie a été autant glorieufe
qu'utile à fon fiécle; le fiége de Sigeth
en Hongrie qu'il a fait lever au Turc, eft
la preuve eternelle de fa valeur, & les
trefors de l'Hiftoire Romaine qu'il a
r'affemblés & r'établis dans leur premier
luftre,

luftre, feront autant de titres des grandes
obligations qu'il aura fur toute fa pofte-
rité,& particuliérement fur la favante &
fur la curieufe. Si l'on a eu tant de véneration pour la mémoire des Hiftoriens, parce qu'ils nous ont laiffé des
copies de l'antiquité, quels tranfports
de reconnoiffance ne doit-on pas fen-
tir pour vn Prince qui nous en a donné
les Originaux, qui nous a mis entre les
mains l'Antiquité elle même. Vn Sena-
teur Romain qui fût élevé à l'Empire,
fe faifoit honneur de compter parmy fes
Ancêtres Tacite l'Hiftorien : Qui doute
que les Princes de la maifon d'Auftriche ne fe fouviennent avec plaifir, qu'vn
Archiduc de leur fang a été le réparateur
de, la vérité & de tant de belles chofes,
que l'ignorance & les tems nous al-
loient ravir : Ce feul endroit de fon merite peut fournir de la matiére à un pa-
negyrique.

Encore un mot de la Bibliotheque,
puifque c'eft l'ouvrage de ce Prince. Il
n'y a point de livres qui ne s'y trouvent
des plus corrects & des plus belles impreffions. I'y en ay remarqué quantité
qui font de l'intrigue fecrette des Cu-

 rieux,

rieux, & bien d'autres que je ne connoiffois point, & qu'ó ne verra peut-étre que
là. Le portrait de la plufpart de ceux que
la doctrine a rendus celebres , y fervent
d'ornemens ; c'eft proprement mettre
les peres avec les enfans , que de placer
les Savans auprés des livres.

Il n'y a pas d'apparence de fortir d'Infpruck , fans parler à **V.A.S** de quelques
figures de bronze que j'ay vûes dans la
principale Eglife. Il y en a vingt - huit,
hautes d'environ neuf ou dix pieds , &
quoy qu'il y ait dans chacune pour deux
ou trois mille efcus de matiere, le travail
neantmoins y eft infiniment plus precieux. I'y reconnus beaucoup d'Empereurs & d'Archiducs. I'y vis les quatre
Ducs de Bourgogne & leur heritiére
Marie, dont les richeffes & la puiffance ont rendu la maifon d'Auftriche redoutable à toute l'Europe. Ie n'eus pas
befoin de lire les noms qui y étoient
grauez, je connoiffois leur air & leur vi-
fage que j'avois vû fur tant de médailles
& d'eftampes ; le raport y eft fi entier,
que je les diftinguois à la premiere vûe.
On en a tiré des tailles douces qu'on
a accompagnées d'une defcription hi-
ftorique

ftorique , elles font affez dignes du Cabinet d'un Prince. Si V. A. S. eft de ce fentiment, je tiendray à honneur d'augmenter fa Bibliotheque de l'exemplaire que j'en ay.

Il eft affez difficile de marquer bien le genie des **Tirolois**. Ils ne font ni Italiens, ni Allemans, mais tous les deux enfemble. Il y auroit dequoy entretenir V. A. S. fur le jugement qu'on doit faire de ces peuples qui partagent également aux qualitez de deux nations fort differentes qui les confinent. On demande il y a long temps ; fi des temperamens oppofez fe perfectionnent ou s'alterent dans le mélange : Les uns difent que la pointe & la fineffe d'Italie en eft mieux , d'être un peu émouffée par le phlegme d'Allemagne , & que ce phlegme auffi a befoin de vivacité pour s'animer : Les autres croyent que ce feu fubtil de delà les Monts, a fon point de mélancholie qui luy fert de lefte, qu'un fang plus épais l'amortit , & que la lenteur des Allemans a fa folidité qui ne peut briller fans s'affoiblir. V. A. S. fait mieux que moy où ils s'en faut tenir , fi elle m'ordonnoit d'en dire mon

 fenti

fentiment, je la conjurerois de me permettre que ce ne fut qu'à Elle.

Mais pour reprendre haleine, veut-Elle bien que je luy dife un mot de mon
Hôte d'Infpruck. Dans l'incertitude où
j'eftois d'y demeurer quelques jours,
j'ordonnay à celuy qui me fervoit, de
régler ma dépenfe avec luy, ils s'accor-
dérent à deux florins & demy par jour;
quand il le voulût payer à ce prix, l'Hôte ne s'en voulût pas contenter, & dit
pour fes raifons, que le traitement n'ex-
cedoit pas à la verité le prix conuenu,
mais qu'il ne s'y falloit arréter qu'avec
les perfonnes ordinaires, & que pour un
galant homme comme moy, la chofe
devoit aller plus loin, qu'il feroit hon-
teux de ne me pas confidérer plus que
les autres, & qu'il favoit trop l'honneur & le refpect qu'il me devoit, pour
s'arréter à fon marché. Ce n'étoit pas
tout à fait payer la qualité, mais c'é-
toit me faire acheter affez cher le
refpect.

Ie quitay le Tirol, & repaffay les Alpes par le même endroit, pour prendre
le chemin

De Munic.

## DE MVNIC.

Il me reste d'assez grandes idées de ce que j'y ay vû, pour y arréter un moment V. A. S. Cette ville est médiocrement grande, elle est bien bâtie, bien peuplée & assez opulente. Tous ses dehors sont vuides & deserts, les premiers villages en sont assez éloignés, ce qui fait qu'on trouve de la chasse dés qu'on est sorti des portes. I'y arrivay fort à propos, toute la ville étoit dans la pompe; elle celebroit la mémoire de cette fameuse journée de Prague. V. A. S. sait combien cette victoire contribua à la fortune de son Prince, elle asseura le repos de son Etat, fit passer un Electorat dans sa maison, & le rendit Maître du haut Palatinat. Tous ces avantages augmentent merveilleusement sa puissance. Le public & le particulier n'épargnoit rien pour honorer la Fête, la joye se trouvoit de tous côtés, par les appareils, les feux, l'artillerie & les festins. Leurs AA. EE. invitoient les peuples par leur exemple à rendre graces à Dieu du gain de cette bataille. Ainsi la pieté & la Religion étoient de la Fête, aussi

D 4

bien

bien que la magnificence & les divertiſ-
ſemens.

Celle-là fut ſuivie d'une autre qu'on
fit pour la naiſſance de Madame l'E-
lectrice. Toute la Cour brilloit, on
n'y parloit que de plaiſir, il ſembloit
que l'Allemagne ſe voulut ſurpaſſer elle
même par la profuſion de la dépenſe
& l'étendue de la galanterie. Les fe-
ſtins y étoient ſplendides par la grande
chere, par les threſors de vaiſſelle d'argent étallés, & par les Concerts de Muſique qui y rafinoient la volupté. Les premiéres Dames de la Cour ſeruoient
leurs AA. EE. Rien n'étoit plus riche ni
plus éclatant que leurs habits. Ie m'i-
maginois voir Apollon & Minerve ſer-
vis par les Muſes & par leurs Nymphes.
La Comédie qu'on avoit retardée quelque jours, à cauſe de l'indiſpoſition de
Madame l'Electrice n'en fut que mieux
repreſentée. Elle étoit tirée d'une Hiſtoire Italiéne & intitulée Adelaide en faveur de celle pour qui elle étoit faite.

Rien ne me parut plus beau que le
Carouſel. Il ſe fit dans un manege couvert qui n'eſt ſeparé de la Réſidence
que d'un petit canal. Madame l'Electrice
fut

fut conduite à ſon balcon par Monſieur l'Electeur. Deux galeries l'une ſur l'autre qui occupent tout le circuit étoient remplies de Spectateurs. On fut ſurpris d'abord par des Concerts de Muſique, qui parurent dans des navires roulans, tirez par ſix chevaux chacun: quand ils furent ſous le balcon de Madame l'Electrice, ils chantérent leur recit, il ne falloit pas déviner pour dire que c'étoient des accens de loüange. Le plaiſir dura deux heures ſans que je m'apperçeuſſe qu'aucun s'y ennuyaſt, & fut ſuivi d'un plus grand, & d'un plus ſuperbe. Quatre quadrilles de quatre Cavaliers chacune, coururent les têtes & firent paroître leur adreſ-ſe, dans la viteſſe de leurs chevaux, dans la juſteſſe de leur courſes, dans la vigueur de leur diſpoſition, & dans cette facilité admirable qu'on leur remarquoit à rencontrer ſi heureuſement les buts. S. A. E. & le Prince Maximi-lien ſon Frere étoient à la tête des deux premieres. On reconnût que ces deux Princes qui avoient emporté les premiers coups, ſe relâcherent ſur la fin pour laiſſer l'honneur tout

 entier

entier à leurs Officiers, & leur donner
la recompenfe, la gloire & tout enfemble la victoire qui les a meritées. Cette
maniére d'agir a bien le grand charace-
re, & en vérité il faut avoir de la gloire
de refte pour la prodiguer de la forte.
S. A. E. à toutes les autres qualitez qui
achevent un Prince. On s'aperçoit
dans fa conduite que les vertus heroïques y font mifes en ufage, par la pieté,
la douceur & la modération qui luy in-
fpirent le repos. Eftant hors des occafions d'une guerre néceffaire, il n'en veut
pas entreprendre d'injufte. il régle fon
ambition & s'efforce d'en borner les
mouvemés, & à répendre la tranquillité
& le bóheur dans fes Etats, Si fa reputation ne fait pas ce grand bruit dans le
monde, elle en eft dautant plus folide.
Les étoiles du firmament qui jettent fi
peu de clarté, font bien d'un autre mérite que les Cometes, qui donnent tant
d'admiration aux ignorans. Il aime la
chaffe & la pêche, ce qui me fait fouve-
nir des plaifirs du bon Empereur Anto-
nin, *Pifcando & venando oblectatus eft.*
Par ces diverfions innocentes, il fe dé-
tache de toutes les autres voluptez

moins

moins honneftes , & fes plaifirs n'inte-
reffent ny fa fanté , ny fa Religion , ny
fes affaires.

Ie me fouviendray toute ma vie avec
les derniers fentimens de reconnoiffance , des bontez qu'il a eu pour moy. Ie
ne les faurois déclarer plus glorieufe-
ment qu'à V. A. S. Il m'envoya un Officier de fa maifon , pour me faire voir fa
Réfidence. C'eft ce Palais, que l'Electeur
Maximilien fit bâtir avec tant de dépenfe , que toute l'Allemagne en fut furpri-
fe, & ne pût comprendre où il avoit pris
ce grand fonds : Encor difoit - il , que
s'il eut été affeuré de vivre dix ans , il
l'auroit fait abatre , pour en rebâtir un
autre plus fuperbe. Il y a tant d'aparte-
mens differens , qu'outre ceux qui font
occupez , il y en auroit de refte pour
l'Empereur , le Roy & les Electeurs,
auffi commodément que chez eux. I'en-
nuyerois V. A. S. de l'arréter au détail
des beautez de cette Architecture, il n'y
en a gueres de plus belle, mais on dit qu'il
n'y en a point dont les ordres embraffent
tant d'efpace. Il y a une fi grande abondance de marbre , qu'on le croiroit du
pays, & les pierres ordinaires de delà les

Monts , parce qu'elles y sont plus rares.
Il n'y a ni coin , ni niche , ni porte , ni
cheminée qui n'ait son buste ou ses re-
liefs ; mais tout cela s'efface à la veüe
du salon des Antiques. On y comte
trois cent cinquante quatre bustes , de
jaspe, de porphire, de bronze & de marbre de toutes les couleurs, qui représentent ou des Capitaines Grecs, ou des Empereurs Romains , & de ces personnes
que la haute naissance ou les grandes
actions ont comme immortalizé. L'en
vis un entre autre d'Alexandre , plus
grand que nature : Il a tout ce goût ra-
vissant de l'antiquité qu'inspire le marbre,& il luy donne un air si vivant qu'on
y reconnoit moins d'art que de magie.
On y voit la valeur , l'ambition & cette honesteté charmante , qui a eu tant
de part aux conquêtes de l'Asie. Enfin
c'est Alexandre le Grand bien mieux
que dans son histoire. Les autres sont
admirables dans leurs maniere , il faudroit bien plus d'une lettre pour y faire
des reflexions particuliéres. On y voit
aussi un grand nombre d'idoles & de
vaisseaux qui servoient aux sacrifices des
Anciens.

Il y a deux galeries, dót l'une eſt ornée d'une centaine de portraits de Perſonnes illuſtres, principalement en doctrine qui ne m'étoient pas incónuës. Le plafond de l'autre repréſente les principales villes de Baviére, ſes riviéres, ſes Chaſteaux & ce qu'il y a de plus remarquable dans l'étenduë de cét Electorat. I'y vis une ſalle de cette eſpece d'ouvrage que les Italiens appellent *Stucador*, où les figures ſont excellentes. Le Roy de Suede qui s'étoit rendu Maître de Munic, ne trouva rien de plus beau dans ce Palais qu'une cheminée dont l'ouvrage de ſtuc l'avoit charmé. Il témoigna du déplaiſir de n'en pouuoir faire une dépoüille. Sur ce qu'un Seigneur qui l'accompagnoit luy vouloit perſuader de faire raſer ces batimens ſuperbes, il luy répondit qu'il n'avoit garde de priver le monde d'une ſi belle choſe. La magnanimité paroit par tout, & c'eſt en avoir les véritables ſentimens, de ne pas inſulter aux biens de ſon ennemi.

L'apartement de Madame l'Electrice eſt admirable. Elle eût là bonté de permettre qu'on me le montrat. Ce n'eſt qu'or & azur, & c'étoit ce que j'y

j'y confidérois le moins : les meubles y
font magnifiques & les ajuftemens fi ga-
lans, que fi je n'avois pas feu qu'elle fut
de la Royale maifon de Savoye, j'aurois
deviné que cette propreté venoit de delà les Alpes. L'Italie en eft la fource, &
ce refte du monde n'eft en ce point que
la copie dont elle eft l'original.

I'ay encor cette obligation aux bontez de S. A. E. qu'Elle a bien voulu que
je viffe fon Cabinet de curiofitez & fes
médailles. Elle me fit dire qu'Elle iroit
à la chaffe au premier jour, & qu'Elle
laifferoit fes ordres pour me faire voir
toutes chofes; en effect, je fus averti
d'un Maréchal des logis, du jour & de
l'heure.

On me fit entrer d'abord dans l'apartement de Monfieur l'Electeur, & dans
une galerie de tableaux tous de la prémiere force. Aux efpaces qui les fepa-
roient, on avoit pratiqué des armoires fur l'épeffeur du mur, où j'ay vû
d'auffi riches bijoux qu'il y en ait au
monde. Les pierres précieufes y font en
abondance: il y a des perles d'Orient, il
y en a du pays, qu'on a péchées dans cette petite riviére qui fe decharge à Paffau

dans le Danube. On remarque dans celles-cy les differens progrez où la nature
les conduit à la perfection. On en voit
de noires, c'est la couleur de cette prémiere matiére qui prend sa solidité ; de
grises où on s'aperçoit que cette matiére s'éclaircit, de blanchissantes & de
parfaitement blanches. Ie découvrois
sur ces petites créatures le travail du
Ciel, qui leur communiquoit par degrez
cette blancheur & cét éclat de l'astrée.
On me montra la jarretiere que le Roy
de Boheme perdit à la deffaite de Prague,
où la dévise de l'Ordre, est écrite en ca-
ractéres de diamans. I'y vis des ouvrages de Raphaël d'Vrbin, d'Albert Durer,
& de Lucas de Leide. I'y admiray particuliérement les tableaux d'un Peintre
d'Ausbourg qui servoit l'Empereur Rodolphe. Ie fus surpris des obstinations
de son travail, il n'y a rien qui en apro-
che, les seuls Allemans sont capables de
cette patience. Ie pris plaisir d'y voir
des ouvrages d'orfévrerie de Sigismond
Roy de Pologne & de l'Electeur Maximilien, & un vaisseau d'yvoire que
S. A. E. a tourné Elle même. La pluspart
des Princes & des Grands-Seigneurs
d'Allem-

d'Allemagne ſavent quelque choſe des mécaniques. C'eſt peut-être à leur exemple qu'on y élève les enfans du Grand-Seigneur. Les Gentils-hommes Hongrois en uſent de même par une raiſon aſſez politique ; ils prétendent avoir par là , le moyen de déguiſer leur qualité quand ils ſont priſonniers de guerre & ſe ſauver d'une rançon qui les ruineroit.

Mais c'eſt trop s'arrêter quand on a occaſion de dire quelque choſe des Médàilles. I'y ay vû des merveilles , *Monſeigneur*. Vn Cabinet de Cedre de trois pieds de haut , ne ſert que de couverture a un autre bien plus précieux. Il eſt d'yvoire relevé de figures , dont la diſpoſition , le deſſein & le travail l'emportent ſur tout ce que j'ay vû ailleurs en ce genre. Il y a quatorze cent Médailles d'or en vingt tablettes. Leur beauté conſiſte dans la ſuitte des Empereurs Romains , car pour les Grecques & les Conſulaires, dont il y en peut avoir trois ou quatre cent , quoy qu'elles ſoient parfaitement bien contre-faites , la vérité & l'antiquité leur manque. I'apris qu'un Ieſuite qui en avoit là

dire

direction , ne pût apaiser la curiosité de Monsieur l'Electeur, qu'en faisant copier en or celles qui luy manquoient & qu'on pouvoit recouvrer , quelque dépense qu'on voulut faire. J'auoüe que ces copies sont si belles que j'en fus surpris, & qu'il me fallut du tems pour les reconnoitre. Il y a deux ou trois cent pieces admirables entre les Imperiales, qui peuuent charmer la plus fine curiosité. Ie m'attendois de voir celles d'argent & de cuivre, mais on ne m'en montra point. L'Officier que je pressay le plus ciuilement que je pûs, de me doner la satisfaction toute entiére, me répondit qu'il avoit charge de le faire, mais qu'il ne savoit point d'autres médailles que celles que j'avois vûes. On m'a dit depuis qu'elles ont eu la même fortune que tant d'autres richesses, qu'on a emportées d'Allemagne au delà de la mer Baltique.

Enfin il ne manqua rien à ma joye dans Munic. De tant de graces que j'ay receu de son Prince & en Particulier & en public , celle d'avoir joüy comme j'ay voulu de ses thresors qui ne sont visibles qu'à peu de persónes, m'engage

gage à une reconnoiſſance, que les idées
ſi riches & ſi magnifiques qui m'en reſ-
ſtent, rendront immortelle.

Monſieur le Prince *Herman* devroit
avoir la plus grande part à ce diſcours,
c'eſt le favory de S. A. E. Ie reconnus
qu'il ne devoit ce bon-heur qu'à ſon
merite. L'Illuſtre nom de Furſtemberg
eſt de grand augure ; la fortune & les talens ſublimes y ſont attachez ; mais tant
de ſiécles qui l'ont honoré, ont moins
fait pour ſa gloire que les trois Princes
qui le portent aujourd'huy. Vn ſeul endroit de l'Europe ne ſuffiſoit pas pour
employer leur vertu ; le Ciel les a ſepa-
rez, & ſans m'expliquer d'avantage, car
une matiére ſi ample n'eſt pas du deſſein
d'une lettre, par tout leur genie eſt la
reſſource du miniſtére, & leurs belles
qualitez l'ornement de la Cour.

## LA BAVIERE.

Est de grande étenduë ; ſon climat la
rendroit incomparable ; ſi le voiſinage
des Alpes ne la mettoit trop à couvert
du raidy. Son abondance de routes les
choſes néceſſaires à la vie n'empêche pas
qu'on n'y remarque le beſoin qu'elle a

des

des Pays étrangers. On ne sauroit se
mettre à table sans se souvenir qu’elle
n’a point de vins. La biére qui y est
peut-être meilleure qu’en lieu du monde, ne repare point ce defaut : Cette
boisson n’est au plus qu’une pâte liquide
qui nourrit le ventre & l’estomac, & ne
touche point cette partie supérieure du
goût, où l’esprit vient prendre sa part
des alimens. Elle n’a point ces divins
atomes qui échauffent l’imagination &
ravissent la melancholie & le chagrin
même. On y perd bien la raison, mais
sans joye, & l’ame s’y noye en languis-
sant. C’est pour cela, *Monseigneur*, qu’on
y parle tant de vos terres, & qu’on y a de
la véneration pour le vin de Nécre, qui
le porte là bien plus haut qu’à Stugard,
& qui se fait bien payer de la peine qu’il
a eu de venir de si loin.

Les richesses n’y sont pas partagées;
on ne les trouve qu’à la Cour & dans le
Clergé ; tout ce qui est au dessous n’y a
point de part. Ce n’est pas comme ailleurs, ce flux & ce reflux qui va & qui
vient, qui porte l’argent dans toutes les
parties de l’état & qui fait des gens riches de toutes les conditions. Les Gen-
tils hommes,

tils - hommes, les Prêtres & les Moines
y font opulens , & les Payfans y lan-
guiffent. C'eft l'idée de cette ftatue du
Prophete qui avoit la tête d'or , le corps
d'argent & les pieds de terre. Il n'en eft
pas de même chez Vous , *Monfeigneur;*
Il ne manque rien aux Payfans de VVirtemberg ; ils n'ont pas feulement le néceffaire , mais le commode , jufqu'aux
douceurs de la vie. Ie n'ay rien vû de
pareil en Baviére , peut - être que j'ay
été du méchant côté , ou en méchante
faifon.

Les Bavarois me paroiffent groffiers.
Ie ne parle pas des perfónes de qualité la
naiffance les diftingue , & l'éducation
les polit, il n'y a que le petit peuple
& le refte des perfonnes viles qui ayent
ce caractere pefant & terreftre. On fait
prefque par tout la conduitte des femmes qu'on rencontre le long du Danube , & le peu d'eftime qu'on en fait : les
hommes n'y ont gueres plus de merite.
Homere difoit bien que Iupiter avoit
ôté le bon fens aux valets : les gueux
ne font la plûfpart que des fots. Il femble que la pauvreté empoifonne ce
qu'ils ont d'efprit , & que la mauvaife
                                      fortune

fortune qui les a laissé dans le besoin de toutes choses, ne leur donne
que le tems de penser à vivre. L'ame de-
vient la partie inutile d'eux même, &
avec leur raison, ils ne sont gueres plus
sages que les bêtes. Il me vient, là dessus
une pensée plus juste; ne seroit-ce point,
*Monseigneur*, que la Providence auroit
proportionné l'entendement des hommes à leur fortune, pour les accoutu-
mer à cette grande inégalité qui trouble-
roit incessamment l'ordre des choses du
monde, si ceux qui sont si mal partagez avoient assez de veuë pour savoir
se dégouter de leur misere. Nous remar-
quons que chacun trouve ses joyes dans
sa condition, & que cette inclination de
chaque état est le fondement secret sur
lequel repose la societé civile. Et quand
par une revolution dont les exemples
sont journaliers, nous voyons l'élevation des petits & la chute des grands,
c'est, *Monseigneur*, que l'esprit s'est ouvert à ceux-là, & que les autres ont
perdu le goût & le sentiment des bonnes choses.

Il y a beaucoup de Religion en Bauié-
re; le zele s'y étend particulierement
sur

fur les poins débatus. Leurs voiſins les accuſent de négliger le capital, pour s'abandonner aux bagatelles: Il croyent que leur culte s'égare & que chez eux le Chriſtianiſme va plus loin qu'il ne doit. Vn Euangelique qui ne les aimoit pas, me dit un jour, encor étes-vous plus éclairez, vous autres François, vous allez à la ſource; tous ces moyens, éloignez, toutes ces interceſſions préten- duës ne vous embarraſſent point, vous étes de nôtre humeur, vous ne voulez gueres de Religion, mais qu'elle ſoit bonne: Si vous aviez tout à fait rompu avec Rome, qui ne vous tient plus que par un filet, nous ſerions bien-tôt d'ac- cord. Ie vous avoüe, *Monſeigneur*, qu'il me faiſoit plus d'amitié que je n'en vou- lois, mais ſans vous embaraſſer de la réponſe que je luy fis aſſez ample, je trancheray court ſur les deux derniers points. Ie luy dis donc qu'il y avoit en France autant de véritables Chrétiens qu'en pas un autre lieu, & que nous ſa- vions la différence qu'il faloit faire entre Rome & le ſaint Siege, entre le Vicaire de Iᴇsᴠs-Cʜʀɪsᴛ & le Prince tem- porel, entre le Succeſſeur de S. Pierre &

le

le Donataire de Charlemagne , entre
le Pape & le Politique. Que nous recon-
noiffions cette primauté fpirituelle , &
que nous y tenions,non pas par un filer,
mais par le cœur , par la volonté, par la
foy & par la grace ; & que pour nos for-
tunes , nos biens , nos interets & tout ce
qui ne concerne point la Religion , ils
étoient indépendans de cette domina-
tion , qui n'avoit point d'autres Sujets
dans l'Eglife , que ceux de fes terres &
de fon patrimoine.En voila trop fur cette matiére ; Ie n'ay plus que ce qu'il
me faut de place pour parler à V. A. S.
d'vn diuertiffement que j'ay vû dans fon
voifinage.

On ne fait en France ce que c'eft que
de Traîneaux, les Dames ny courent pas
la bague , le VVirtfchaft y eft inconnu.
Que je fus agréablement furpris de voir
l'hyver à la mode ou l'hyver travefty , le
froid & la neige dans l'ufage de la galanterie , & tant de beautez en campagne. La magnificence de leurs habits &
la fierté de leur port me faifoit voir autant de diuinitez & d'Amazones. Elles
étoient fuperbement montées fur des
Chars de triomphe , & paffoient devant
mes

mes yeux comme des éclairs. Ie ne savois
si ces machines volantes étoient des
vaisseaux roulans sur la terre, ou des
chariots courans sur une onde solide.
Il me sembloit quelquefois que ce fut
une foule de Déesse dans des nuées d'or
& d'azur, qui venoient fendre l'air à
fleur de terre, & joüyr des plaisirs que
l'hyver seul, qu'elles n'ont point dans
le Ciel, peut fournir. Les jeux y étoient
differens, les uns se terminoient à la vî-
tesse de la course, & dans les autres, il y
avoit de l'honneur à acquerir, parce qu'il
y avoit des victoires à remporter. C'é-
toit quelque chose d'assez rare, de voir
une Dame la lance à la main, prendre
les ardeurs & les fougues d'un Heros,
marquer parmy les attraits d'un visage
charmant, de la vigueur & de la force,
& se précipiter où la gloire l'appelloit
avec un abandonnement qui n'avoit rien
ni de la foiblesse ni de la timidité du se-
xe. Enfin, *Monseigneur*, la pompe y
étoit si grande, que c'étoit moins une
carriére qu'un théatre à perte de vûe,
qui avoit pour Scene le divertissement
des Dieux & l'image de l'hyver pour dé-
coration. Ie ne say si les Romains eussent

fait

fait de si grandes dépenses à leurs Nau-
machies, à ces batailles navales qui se
donnoient sur terre, s'ils avoient eu le
secret de naviger sur la neige comme les
Allemans.

Ie n'ay pas d'assez hautes expressions
pour dire à V. A. S. ce qu'il me sembla
pour lors des deux Princesses de Bade-
Dourlach. Elles sont toûjours infiniment belles, mais leurs ajustement de
ce jour là, leur grace & leur adresse
à executer tous les travaux de la carriére,
en faisoient des Heroïnes. La Princesse
Catherine Barbe qui étoit habillée à
l'Egyptienne, me fit l'honneur de me
demander comment je la trouvois, je
répondis brusquement, plus belle que
Cleopatre; je devois dire encor, digne de quelque chose de plus que de
Cesar & d'Antoine, mais j'avois l'esprit
moins present, pour avoir les yeux trop
occupez. La Princesse sa sœur parut en
Paysanne. Le sort qui partageoit ces
sortes de characteres, l'avoir fait choir
de bien haut. L'esprit & la naive-
té qu'elle donnoit à son déguisement
achevoient la copie d'une Paysanne
dans la plus belle Princesse du monde

Vn Etranger qui crût de bonne foy ce
qu'il voyoit, la joignit familiérement, la
conversation luy plaisoit, & apres s'étre
informé d'une partie de ce qu'il vouloit
savoir, il luy demanda où étoit la Princesse Elizabeth, Elle répondit sans se
défaire de son sérieux, qu'il la verroit
dans un moment, & qu'Elle ne manque-
roit pas de se trouver au bal. On en eût
le plaisir tout entier, & ce bon-homme
fut du divertissement & de la fête sans
qu'il y pensât.

A mon retour j'avois obserué une
espece de badinerie qui ne laissa pas de
m'entretenir agréablement par le raport
qu'elle a avec la maniere des Anciens.
Dans Vlme & dans son voisinage les
femmes & les filles ont leurs cheveux
re roussez en arriere comme de la nat-
te qu'elles lient ensuitte avec un ruban.
C'est la façon dont elles étoient ajan-
cées il y a deux mille ans, au moins au
raport de Tacite, *Insigne gentis Suevo-*
*rum obliquare crinem, nodoque substrin-*
*gere.* Cet illustre Historien fait quelques autres remarques des Suaubes, qui
ne conuiennent pas mal au peuple de
VVirtemberg. On ne sait dans ce pays-

là , dit-il , ce que c’est que d’usure, ce ,,
qui fait qu’on en est plus à couvert ,,
que si elle étoit défendue par les ,,
Loix. On ne s’y épargne point à boi- ,,
re , on y passe quelquefois le jour & ,,
la nuit, sans qu’on en puisse tirer sujet ,,
de leur en faire aucun reproche. On ,,
y reçoit favorablement les Etrangers, ,,
& nulle natió ne se peut vanter d’être ,,
plus hospitaliére. Les coutumes des ,,
habitans y sont si équitables, qu’elles ,,
surpassent encor les bonnes Loix des ,,
autres peuples.On y est moins corró- ,,
pu,qu’en pas un endroit de la terre:on ,,
n’y exige pas les choses par autorité;les ,,
voyes les plus douces, cóme celles de ,,
la persuasion, suffisent pour obtenir ,,
ce qu’on en souhaitte. On y adore la ,,
Déesse Isis , & c’est à Elle à qui on ,,
fait plus de sacrifices. Ces dernieres ,,
paroles expliquent assez l’origine de
tant d’Autels & d’inscriptions que
V.A.S.m’a fait la grace de me faire voir à
Stugard. Tacite qui n’avoit jamais reçeu
de bien-faits des Suaubes , n’a pas laissé
de leur faire souvent des petits éloges
qu’il ne pouvoit refuser à la vérité de ses
descriptions. L’en devrois bien faire d’au-

tres, ayant plus pratiqué le pays que luy, & étant chargé comme je suis d'une infinité de bienfaits du Prince qui en est le maître; mais il faudroit être Tacite pour les bien faire, & je les sens trop au dessus de mes forces pour l'entreprendre.

Ie laisseray V. A. S. sur de si grandes idées : Ie souhaitterois qu'elles luy donnassent assez de gayeté pour passer le chagrin où j'apprehende que ne l'ait mis un discours si foible & de si peu de force. Mais les grands Princes sont tellement au dessus des autres hommes, qu'ils ne doivent pas s'attendre de recevoir d'eux rien qui soit digne ou de leur goût, ou de leur lumiéres. Aussi ne méprisent-ils pas les petites choses qu'on leur offre, & leur generosité veut bien avoir de la reconnoissance pour les seuls mouvemens d'ardeur qu'on a pour leur étre utile, ou pour les divertir. C'est sur ces considérations, *Monseigneur*, qu'en ne faisant rien pour Vous, je crois faire quelque chose pour moy, & que je sens cette grande con-

fiance

fiance à Vous assurer que je suis &
seray toute ma vie avec beaucoup de
respect.

*Monseigneur,*

De Vôtre Altesse Serenissime,

De Strasbourg en
Ianvier 1671.

*Le tres-humble & tres
obeissant serviteur*

**CHARLES PATIN.**

*Viuendum*

*Vivendum moribus antiquis , loquendum verbis recentioribus.*

TROISIÈ'ME

# TROISI'EME RELATION,

*A Son Altesse Serenissime,*

*Monseigneur*

# FREDERIC,

## Marquis de Bade-Dourlach, &c.

ONSEIGNEVR,

Puisque **V. A. S.** ne se lasse pas d'entendre de mes nouvelles, & qu'Elle a la bonté de me le dire, Elle en aura encor de toutes fraîches : je n'ay pas assez de presomtion pour esperer que celles-cy

 luy

luy paroissét aussi agreables que les pré-
cedentes , mais je ne prétens les appuyer
que de cette obeïssance respectueuse que
je dois à Ses commandemens.

Ce n'est pas , *Monseigneur* , que je
ne me pûsse flatter de dire des choses
à V. A. S. qui la pourront divertir,
ou par leur nouveauté , ou par leur
diuersité. Mais , *Monseigneur* , qu'il est
malaisé quand on est foible comme
je suis , d'entretenir un grand Prince aussi intelligent que Vous , & de
bien esperer de cét entretien. Cependant , *Monseigneur* , Vous le voulez,
Vous commandez , je connois même
que cette espece de préface vous dé-
plaît , je la finis , & Vous serez obeï
sans delay.

Il n'est rien tel que de voyager ,
*Monseigneur* , V. A. S. me l'avoit dit
quelquefois , mais je le trouve vray toûjours. On a beau me reprocher par avance l'Epitaphe du grand Trivulce, *Hic*
*quiescit qui nunquam quievit.* Il semble
que l'air que je respire en des différentes
Provinces , m'inspire de nouvelles lumiéres , au moins me fournit-il de la
matiere à de nouvelles meditations. Et
bien

bien que je neglige ces sortes de diversi-
tez qui surprennent la plûpart de ceux
qui ne les ont jamais vûes , je trouve assez d'occasions d'employer mieux
mon tems. Ie ne m'atache pas à la difference des habits de chaque nation, quoy
qu'il y en ait de si bizarres , qu'ils vont
jusqu'au ridicule. I'en ay quelquefois re-
cherché la raison ou l'origine , mais je
ne l'ay pas découverte , aussi ne pre-
tendois-je la trouver que dans l'utilité
ou la bien-seance , qui sont à mon sens
les deux regles pour les vétemens. Il
m'a falu contenter de l'usage ordinaire,
c'est à dire de la coutume des peuples
qui s'en servent. Cette coutume au reste qu'Herodote traite du titre de Roy,
est une espece de Loy suprême , principalement en Allemagne. La nouveauté
n'y est pas si bien receüe qu'ailleurs : On
y rebâtit d'ordinaire une maison du même dessein , dont on l'avoit bâtie l'autre
siécle , & pour peu qu'on pressât le pro-
priétaire de rendre sa maison plus régu-
guliére , de l'éclairer davantage , de diminuer l'épaisseur de ses murailles ,
& de se relâcher de cette antique maniére de bâtir en se servant de tant de

 commo

commoditez que nous fournit cette belle Architecture moderne , il répondroit
auffi-tôt , qu'il fe mocque de la mode,
que deffunt fon Pere ou fon grand-Pere
étoient des gens fort fages , qu'ils
avoient fait faire le deffein de cette maifon , tel qu'il eft , fi par hazard même,
ils ne l'avoient eu de leurs Predecef-
feurs , mais en un mot qu'il n'en fera
rien autre chofe.

Le même efprit s'obferve avec quelque forte de fevérité dans la plufpart des
autres Arts qui s'y pratiquét aujourd'huy
comme du tems de Charlemagne , quoy
qu'on ait trouvé mille inventions confidérables depuis ce tems-là , & qu'on
face beaucoup plus d'ouvrages avec
moins de dépenfe & moins de tems. J'ay
été furpris de voir en beaucoup d'endroits qu'on y faifoit fa cuifine , comme
Tacite la fait faire à ces Allemans qu'il
ne connoiffoit que pour des Barbares.
Il eft vray qu'en d'autres , comme chez
Vous , *Monfeigneur* , on a renoncé il y a
long-tems , à cette ancienne maniére,
& on n'en reconnoit point d'autre que
celle qui eft faine , délicate & magnifique. Pour la Médecine , je m'y connoit

un peu davantage. J'ay remarqué que
presque par tout on se sert d'une grande
quantité de drogues, & de cette prati-
que qui regnoit il y a deux mil ans,
comme si nous étions des Socrates &
des Epaminondas, sans faire reflexion
que la diversité des climats, des alimens
& des coutumes, qui altérent les corps
& les temperamens, produisent de nouvelles circonstances dans les maladies,
& demandent de nouveaux remedes, ou
au moins une application différente. Il
n'est pas jusqu'à une femme qui ne m'ait
reproché que je n'ordonnois pas de l'hel-
lebore, comme faisoit Hippocrate : aussi
sans luy en rendre d'autre raison, quoy
que j'en eusse, je luy repartis, qu'on est
bien plus fou aujourd'huy qu'on n'étoit
autrefois, & qu'il faut bien d'autres remedes.

Le raisonnement qu'on pourroit faire
sur ces coutumes seroit sans doute ennuyeux, au moins seroit-il trop étendu pour
vôtre goût, *Monseigneur*, & pour mon
inclination. Ie me resserreray aux choses qui touchent l'un & l'autre de plus
prés, & dont on n'a pas encor tant
écrit que des moralitez, dont en pas-

         sant,

sant, je trouve presque des livres par tout. **BASLE**

Est la premiére ville qui se presente à mon esprit, peut-étre parce que c'est la premiére que j'ay vüe entre celles dont j'ay quelque chose à dire à V.A.S. Sa politique, ses forces, ses alliances, sa Religion, sont connues de toute l'Europe, & de V.A.S. plus que de pas un autre, & d'autant plus qu'Elle a des terres qui n'en sont éloignées que d'un quart d'heure, & qu'Elle honore toûjours cette République de son amitié souvent de sa présence. J'auray peut-étre remarqué là quelques singularitez qui luy plairont.

De mes Amis, qu'il faut presque toûjours supposer des Gens d'étude & toûjours d'honêtes gens, me menerent à deux liëues de la ville ; mes liëues en passant n'en valent que des demies d'Allemagne, qu'on appelle ordinairement des heures à cause du tems qu'un homme de pied employeroit à les faire de son pas ordinaire. Nous considerâmes là les ruines de cette ancienne ville, qui a donné à Bâle le titre *d'Augustin Rauracarum*. Le nom du village qui en reste

ſte s'y rapporte aſſez , car

## A V G S T

Tire ſans doute ſon étymologie *d'Au-guſta*. Aux environs tout eſt plein de ces débris antiques. Nous prîmes plaiſir d'aller à pied à demie-heure du principal Château , où nous apperçûmes dans une foreſt une ouverture qui nous fit découvrir un canal vouté , avec quelque reſte conſidérable d'Architecture. On prétend qu'il a ſervi d'aqueduc , car le lieu qui eſt fort élevé le témoigne. D'autres diſent que c'eſtoit un paſſage ſecret pour des troupes en cas de neceſſité , car c'étoit comme l'abord des Allemans qui venans de la foreſt noire , que les anciennes cartes nomment *Sylva Hercinia*, s'efforçoient de paſſer là le Rhin , pour faire leurs irruptions contre les Romains. Le principal Château que ceux du pays appellent encor aujourd'huy *das Schloſs*, pouvoit être auſſi une partie de la ville , c'eſtoit l'un des trois dont on avoit fortifié le paſſage du Rhin , qui étant plus bas en ces quartiers-là qu'ailleurs, eſt d'autant plus facile à être traverſé.

traverſé. Arioviſte ſe ſauva par là, aprés
avoir été batu par Ceſar , & quelques
tems aprés ,, Druſus y fit bâtir dans le
voiſinage , le Bourg des Gardes qu'on
appelle encor aujourd'huy *Bartemburg.*
La tour du ſel qui reſte à Bâle proche le
pont , eſt batie de cette même maniére
de telle ſorte qu'on peut préſumer que
ces trois eſpeces de Châteaux avoient
été bâtis pour découvrir plus prompte-
ment les ennemis , & s'oppoſer vigou-
reuſement à leur paſſage , de quel côté
qu'ils le priſſent. Quoy que c'en ſoit, le
lieu mérite toute la peine que nous nous
ſommes donnez de l'examiner. Il paroît
aſſez par ce nom d'*Auguſta*, que les Romains s'y eſtoient établis , comme dans
un canton propre à reſiſter aux Allemans , & qu'ils y avoient bâti cette for-
tereſſe dont on voit de ſi belles ruines.
Il y a apparence même qu'ils y avoient
une grande ville , tant parce qu'ils ne
donnoient ce nom d'*Auguſta* qu'aux
villes capitales , comme *Auguſta Trim-*
*bantum , Auguſta Treuirorum , Auguſta*
*Vindalicorum* , que par le nombre infiny
de pierres & d'autres materiaux qui ſe
trouvent dans les chams voiſins , n'y

en

TICONELLO FL
VIRO CO
ATRON
SIVLI
D M
IVLIAE TRENE
VA XI DIEBVS XXVII
B R

en ayant aucuns dans ceux qu'on juge
avoir été hors de l'enceinte des murs.
Le Château tout ruiné qu'il eſt, a encor des beautez. Les foſſez & les murailles y ſont en beaucoup d'endroits tels
qu'ils étoient il y a mil ans, la liaiſon
des pierres en paroît inimitable, au
moins quelques expers que ſoient les
Maſſons d'aujourd'huy, ils avoüent
qu'ils n'y entendent rien, & qu'ils ne la
comprennent pas. Ce qui nous arrétoit
le plus, étoit que les demies-tours, dont
nous contâmes juſqués à neuf dans la
circonference, ſont toutes flanquées en
dedans, contre l'ordre de l'Architecture
moderne, qui eſt infiniment plus reguliére que l'antique. Il eſt vray que cette diſpoſition s'accommodoit davantage
à la defenſe de ce tems-là : les beliers,
qui en étoient les plus fortes machines,
ſe briſoient contre le concave d'une
tour, au lieu qu'ils l'auroient pû rompre ſi elle eut été convexe. Quelqu'un
de la compagnie prétendoit que comme
au Coliſée & en d'autres batimens Romains, il y avoit des niches en dedans,
où on enfermoit des bêtes, pour la magnificence de leurs jeux, ou pour les ſup-
plices, de même celles-cy pourroient

avoir eu quelque usage pareil. Il est pourtant difficile de le déviner au juste, quoy que j'en aye conferé avec ceux du pays qui sembloient en savoir le plus, & que j'aye pris plaisir d'en feüilleter les desseins que le curieux Mr. *Amerbach* en avoit fait faire.

Ce Savant homme a crû qu'il y avoit un Théatre composé de quatre tours, séparées chacune par un escalier. Les Spectateurs s'y pouvoient rédre à toute heure par ces dégagemens & s'y placer commodément. Il y a apparence que la pensée en est veritable, mais au moins elle me paroît fort jolie. J'en ay fait graver deux vües, selon ses mémoires & ses désseins, avec trois inscriptions antiques.

Les deux prémieres avoient été trouvées de son tems, la troisiéme se voit au Cabinet de Monsieur *Fesch*, à qui un Paysan d'Augst l'a aportée depuis peu.

Je ne saurois m'empêcher de faire souvenir icy V. A. S. du bien que les Curieux ont fait à la Republique des lettres. N'étoit-elle pas dans un état pitoyable

pitoyable dés - le siécle de Constantin, & n'y a-t'elle pas languy pendant
environ douze cens ans. Rome même
étoit pleine de Barbares aussi bien que
de barbarie. Quel jugement doit - on
faire de l'état des Provinces , qui n'a-
voient de science & de politesse que
ce qui leur venoit de Rome. Elle a enfin repris quelque vigueur depuis un
siécle ou deux , mais elle la doit toute entiere aux Curieux , qui ont comme
deterré la Science & la verité. l'en ferois
une reconnoissance publique à la mémoire de tant de braues Gens qui s'y
font employez , si je ne me souvenois
que j'écris une lettre & non pas un livre
d'éloges. Permettez - moy pourtant ,
*Monseigneur* , d'en tirer trois de cette
foule, dont le mérite étoit extraordinaire. Ie dois cette parenthese à leurs fatigues , à leurs voyages , à leurs dépenses , & au dessein qu'ils avoient de
bien faire. Tous trois ont eu des Bibliotheques fort amples , des Manuscrits de consequence , & de tres-curieu-
ses Médailles antiques. On peut dire
qu'*Auger*

qu'*Auger Busbeck*, cét illustre Ambassadeur, dont il nous reste ces deux belles relations, a enrichy le monde, &
particuliérement l'auguste Maison d'Austriche qu'il servoit, d'une infinité de
manuscrits & de médailles, qui étoient
en danger de perir sans luy. Mr. *de Peiresc* Conseiller au Parlement d'Aix,
étoit honoré de tous les Savans de son
tems : Mais il le doit étre encor de toute
la posterité, quand ce ne seroit qu'à
cause de ce beau thresor de médailles
qu'il avoit amassé. I'en ay eu plus de
mille Grecques qui en venoient. Ce mot
est précieux, *Monseigneur*, & quoy que
ce soit une espece d'enigme pour la pluspart du monde, il ne l'est pas pour Vous.
Ce Mr. de *Peiresc* étoit le seul de son
tems qui sçut le Grec sur les médailles
& qui l'y pût expliquer. Mr. *Amerbach*
au sujet de qui j'ay fait cette digression
est le troisiéme. I'ay lû quantité de ses lettres, toutes remplies d'érudition & d'é-
legáce. Il entretenoit correspódance avec
la plûpart des gens de son humeur, c'est à
dire des Savans & des Curieux, mais il
l'avoit tres-exacte avec l'illustre Anti-
quaire & Médecin d'Ausbourg, Occo,

Ce

Ce nom seul vaut un éloge. Si les siécles futurs oublioyent ce Mr. Amerbach, l'Academie de Bâle qui posséde sa Bibliotheque & son Cabinet, auroit assez dequoy les conuaincre d'ingratitude. Mais revenons à la découverte qu'il a fait de ce Theatre d'Augst. Sans luy on ne sauroit aujourd'huy ce que c'est, au moins auroit-on bien de la peine à le deviner. Aussi pour en illustrer la pensée, j'y ay fait graver des combats de bêtes de la maniere dont ils se faisoient chez les Anciens, & comme leurs médailles nous les réprésentent.

I'ay aussi fait graver à part quelques gentillesses qui ont été trouvées en ces quartiers-là. Des deux anneaux d'argent qui y sont, l'un réprésente le premier des Cesars, avec la marque de son autorité Sacerdotale. La Religion n'étoit-elle pas bien gouvernée en ce tems-là, *Monseigneur* ? Iamais homme n'a répandu plus de sang que ce Souverain Pontife, & on n'a pas même dit d'aucun autre, qu'il ayt été l'homme de tant de femmes, & la femme de tant d'hommes. L'autre anneau donne sur une agathe onice, la figure d'un homme appuyé

sur

ſur une colomne , tenant une eſpece de
faulx d'une main , & une amande de l'autre. Ces deux particularitez me font
ſoupçonner que ce ſoit cét Atis dont la
fable fait tant de petits myſteres avec la
Mere des Dieux. Entre ces deux bagues
il y a un petit bijou d'argent en forme
de Lune : C'étoit la plus eſſentielle marque de la Nobleſſe de ces vieux Romains qui ſe faiſoient appeller προ-
ϲέληνοι , pretendans étre même plus anciens que la Lune , dont ils portoient
cette repréſentation ſur leurs chauſ-
ſures ; auſſi l'appelloient-ils *Lunula.*
Zonare dit pourtant que cette figure ne leur étoit précieuſe qu'à cauſe
qu'elle exprimoit à leur maniére le nombre de Cent , en honneur des cent Pa-
triciens que Romulus choiſit pour en
faire ſes Gentils-hommes. La figure
de ce Cupidon aîlé avec un flambeau
ardent à la main eſt aſſez rare dans les
monumens antiques. Ie me ſouviens
pourtant d'avoir vû dans le Cabinet de
V. A. S. une médaille qui s'y raporte : Il ſemble que Cupidon y veüille
éteindre ſon flambeau , de la douleur
qu'il a d'avoir perdu ſon aymable Maître.

tre. Les habitans de Tomes , chez qui
Ovide avoit été relegué , crûrent donner quelque satisfaction à l'Empereur
Caracalle ; de le faire souvenir de cette
gayeté. Ce Cupidon , au reste , est sculpé , pour servir d'ornement à quelque
fermeture , que je ne connois pas assez , non plus que ce que j'ay fait mettre vis à vis , qui est apparemment
le pied d'un trépied. Pour les trois instrumens qui sont en bas , c'étoient sans
doute de ces celebres agraffes qui
avoient tant d'usages chez les Romains
dont un Savant homme de nôtre tems
(*Rhodius*) a fait un assez gros livre.

Ie feray peut-être rire V. A S. de la
simplicité de quelques Paysans , qui
nous voyant en plein-jour dans la campagne avec du feu & de la chandele ,
nous prirent tous pour des sorciers ,
car on est plus facile en ce pays-là sur
cette matiere qu'ailleurs ; & ce qui acheva de les en persuader , fut de voir revenir un des nôtres d'une espece de
trou , par où il sembloit que personne ne peut passer. C'étoit la sortie d'u-
ne cauerne , par où le Curieux Monsieur *Platerus* ne fit pas de difficulté
de

de se tirer, la lanterne à la main, apres en
avoir visité tous les secrets. Il faut dire
quelque chose à *V. A. S.* de ce Mr. *Platerus*, qu'on prit pour un diable, ou tout
au moins pour un enchanteur. C'est un
Médecin fort galant homme & fort Savant; il est fils, petit-fils, & je crois
arriere petit-fils de Médecin, c'est ce
qu'on appelloit autre fois ἰατρῶν παῖδα.
Le beau Cabinet qu'on conserve soi-
gneusement dans sa famille, & l'Epigramme que Theodore de Beze fit en
son honneur, témoigne assez l'érudition
& la curiosité des possesseurs. Il n'y a
plante, metail, mineral, figure, chose
extraordinaire qui n'y soit; il y a même
de ces especes de choses, pour lesquelles
nous avons plus de véneration que ceux
qui ont reformé le culte de la Religion,
ils conservent un reste precieux de la
Couronne d'épine de nôtre Seigneur
IESVS-CHRIST. Ils ont aussi des medailles. Mais ne sortons pas d'*Augst*,
sans dire à *V. A. S.* qu'on y en trouve
souvent en labourant la terre. Ie l'ay oüy
dire à beaucoup de personnes, & j'en
ay vû quelques unes de tous metaux,
l'allay moy-même chez de bons Paysans

du lieu , qui m'en montrérent qu'ils
avoient trouvé depuis peu de jours. I'en
aquis entre-autres une de Delmatius neveu de Conſtantin, avec le *Labarum* & la
marque de IESVS-CHRIST. Ie Vous
pourrois aſſurer que dans le payement
que je leur en fis, ils regardérent à deux
fois mon argent, & tant ils étoient ſim-
ples, ils avoient peur que quelques tems
aprés , il ne ſe changeât en feüilles de
chêne.

A Bâle on y étoit bien autrement détrompé , c'eſt la ville où j'ay vû les gens
de meilleur ſens , ſans faire tort aux autres. On y ayme les belles lettres & la
probité ; c'eſt une union qui ne ſe rencontre gueres , & qui me plaît extrémement. Les Langues Orientales y ont toûjours été tres-ſoigneuſement cultivées,
& Mr. Buxtorf qui y eſt Profeſſeur , répond dignement à la reputation que
Monſieur ſon Pere s'étoit aquiſe d'être
le plus habile homme du monde en
Hebreu. Si Monſieur *VVetſtein* ſait autant de Theologie que de belles lettres,
on peut dire qu'il la ſait toute entiére;
mais comme je me connois peu en
Theologie, encor moins en celle qu'on
enſeigne

enseigne-là , j'en laisseray faire l'éloge à
d'autres. Au rest, c'est l'homme du monde le plus obligeant ; Il a un fils qui ne
l'est pas moins que luy , dont la jeunesse
est ornée d'autant de Sciences & de belles
qualitez qu'on en pourroit souhaiter
dans un grand Theologien. Le célebre
Professeur Mr. *Bauhin* s'est fait assez
connoître par ses ouvrages , sans qu'il
aye besoin icy de moy ; aussi ne luy feray-je point d'éloge , qu'en le faisant
connoître pour un des plus polis hommes du monde , qui m'ayme , qui ayme
mon Pere , & qui est aymé de toutes les
personnes d'hôneur. Ce pays, au reste, en
est tout plein. Mr. *Battier* sait peut-être
autant de choses fines que Suisse ayt
jamais seu , & fait bon usage des années
qu'il a demeuré à Paris dans la conversation des Gens doctes , & particuliérement de Mr. Iustel. Il a un cousin , dont
le nom Vous est connu , *Monseigneur*.
Outre que la famille des *Fesch* est une
des plus considérables de la ville , per-
mettez-moy de Vous dire qu'elle est
aussi des plus nombreuses ; ce seul exemple le prouvera. Rodolphe Fesch Bourguemeistre & fils de Bourguemeistre a

vû apres soixante ans de mariage avec
Anne Gebveiler cent soixante-cinq enfans, nez de luy, de ses enfans ou de ses
petits enfans. L'un de ceux-cy s'appelle *Sebastien*, & est possesseur d'un
des plus beaux Cabinets d'Allemagne.
Sa maison est un Palais. V. A. S. sait assez que ces Républiquains vivent contens : je ne leur aurois jamais crû tant
de politesse. Mais laissons-les dehors, &
venons au cabinet. Rien n'y manque;
il y a de la peinture, de la sculpture, des
livres, & des curiositez de toute sorte. Pour des médailles, *Monseigneur*,
V. A. S. qui me fait l'honneur de me
croire, sans que je jure, se contentera
s'il luy plaît de ma parole. Il y en a quelques unes de si singuliéres, qu'elles
sont surprenantes, sans qu'elles ayent
aucun raport aux mémoires que j'ay
des autres Cabinets, ou aux descriptions
des Autheurs, ou à celles que j'ay vû ailleurs. Le Possesseur n'a pas seulement
pour moy cette amitié sincére qu'ont
tous les honestes Gens qui me connoissent; il a de plus cette douceur de conversation, que les Grecs appelloient Eü-
trapelie, ce qui ne s'accommode pas

                avec

avec ce qu'on dit des Suiſſes. On en parle comme de gens lourds & groſſiers : j'ay conuerſé chez eux quelque tems , j'ay eu habitude avec eux en differens pays, & ne m'en ſuis jamais apperceu. Ie les ay trouvé generalement parlant, laborieux , fidelles , exacts , ſinceres , candides, & la pluſpart d'entr'eux fort ſavans; j'ay été ſurpris d'en voir de polis juſques à la delicateſſe. Ie ne dis rien de la Religion , ny de la politique : dans l'une ils diſent , qu'ils s'y entendent fort bien , & je ſuis tres-perſuadé qu'ils s'entendent parfaitement dans l'autre. Ie diray un mot à V. A. S. des honeſtetez que m'a fait Monſieur Feſch , Elle y a plus d'intereſt qu'Elle ne penſe : Il m'a permis de prendre à la plume toutes les medailles rares dont je Vous ay parlé cy-deſſus : c'eſtoit me procurer un petit treſor ſans diminuer le ſien & s'aquerir ſur moy une obligation eternelle.

Au reſte, *Monſeigneur*, la curioſité de Bâle va plus loin : Ie Vous veux entretenir d'un autre Cabinet qui fait aſſez de bruit, par les noms de ſes fondateurs, *Eraſme & Amerbach* , qui ſont en veneration en ce pays-là , comme les reſtaurateurs

ſtaurateurs des belles lettres. Le premier y eſt peint à demy-corps par Holbein, & c'eſt ſur ce portrait qu'on a fait
cette Epigramme aſſez juſte,

> *Ingens ingentem quem perſonat orbis*
> *Eraſmum,*
> *Hic tibi dimidium piĉta tabella re-*
> *fert.*
> *At cur non totum? mirari deſine, Leĉtor,*
> *Integra nam totum terra nec ipſa*
> *capit.*

Ce Cabinet appartient à l'Vniuerſité de
Bâle, par la donation que luy en a fait le
Magiſtrat de la ville. Il l'avoit acheté
neuf mil eſcus en 1661. des heritiers de
ce Monſieur Amerbach legataire d'Eraſme, dont on conſerue encor le teſtament
écrit de ſa main. Il y a auſſi dans la grãde
Egliſe un marbre pompeux appliqué en
architeĉture qui confirme la choſe par
ſon inſcription. La médaille qu'on voit
d'Eraſme ſemble avoir tiré ſon type du
Dieu Terminus, qui eſt ſur la face de cette inſcription qu'on a faite exprez pour
honorer la memoire de ce grand Hôme.

Ce qui ſuffiroit pour donner à ce Cabinet toute ſon importance, ſeroit une
vingtaine d'originaux d'Holbein, &

autres ce Chrift mort, duquel on a voulu donner mille ducats. Ceux qui ne
connoiffent pas l'excellence de ce Peintre, n'ont qu'à aller à Bâle pour en être
perfuadez. On leur montreroit dans
l'Hôtel de ville un grand tableau de fa
main, ou plûtot huit tableaux d'une
piéce, qui repréfentent autant d'actes
différens de la Paffion. C'eft à mon fens
un des plus beaux tableaux du monde, & je ne m'étonne pas que le deffunt
Electeur de Baviére en ayt offert à la ville, pour vingt mille écus de fel.

Trouvez bon, *Monfeigneur*, que je
vous dife quelque chofe de cét *Holbein*.
C'étoit un brave homme, mais fi gueux
qu'il n'avoit pas quelquefois dequoy
diner. On voit en un tableau de ce même Cabinet le portrait de fa femme
& de fes enfans, dont les habits ne mar-
quent gueres plus de commodité; en un
mot ce tableau eft un trefor en lam-
beaux. Tous les étrangers s'arrêtent
avec plaifir au coin d'une petite ruë
de Bâle, où il y a une maifon, pein-
te au dehors, depuis le bas jufques
en haut, de la main d'Holbein; de
grands Princes fe pourroient faire hon-

neur

neur de ce travail ; ce n'étoit neanmoins que le payement que faisoit ce
pauvre Peintre de quelques repas qu'il
y avoit pris : car c'estoit un cabaret
dont la situation aussi bien que la médiocrité marquoit assez qu'il n'étoit
pas des plus célebres. Nôtre Holbein
fut à la fin retiré de cette misére
par la generosité d'un Comte d'Arondel, dont est descendu cét illustre Seigneur Anglois que la curiosité rendra
immortel, aussi bien que tant d'inscriptions & de marbres antiques qu'on
voit encor dans le théatre d'Oxfort,
qu'il avoit fait venir d'Orient, & qui
ont été si doctement & si heureusement
expliquées par Seldenus. Ce livre, en
passant est fort rare, mais si V. A. S. ne
l'a pas dans sa Bibliotheque, Elle s'en
peut consoler, car on le r'imprime, &
on m'a dit qu'il seroit plus beau & plus
ample que dans sa prémiere édition.
Ce Comte d'Arondel venant si je
ne me trompe, d'une Ambassade de
Vienne, emmena avec luy cét Holbein
& sa famille, & luy fit cette fortune
qui faisoit dire à Holbein même : Est-
il possible que j'aye été si pauvre que

 d'avoir

d'avoir peint par necessité ? Ce sont les effets de la connoissance & de la generosité d'un grand Seigneur, sans laquelle Holbein auroit peut-étre rampé toute sa vie dans la misére & dans l'obscurité. D'autres disent qu'il ne passa en Angleterre que long-tems apres, dans le dessein d'y faire mieux ses affaires : Qu'il se presenta d'abord à Thomas Morus avec des lettres d'Erasme, & qu'il en fut receu avec les dernieres caresses. J'ay vû dans le Cabinet de l'Empereur, le portrait qu'il fit pour lors de ce grand Ministre. On dit que ne se pouuant souvenir du nom de l'Ambassadeur qui luy avoit promis son credit & sa protection, il traça à la haste le reste de l'idée qu'il en avoit, & c'en étoit si bien tout le visage & tout l'air, que Morus reconnut à l'instant le Comte d'Arondel : ainsi trouva-t'il au bout de ses doits, ce qui s'étoit échapé de sa mémoire. Ces deux illustres Patrons donnérent les ouvertures à son merite. Henry VIII. l'honora de son estime & de son amitié, & s'expliqua un jour le plus obligeamment du monde en sa faveur, à un Comte qui s'en étoit venu plaindre : Je peux

peux dit le Roy , faire fix Comtes en
une heure , mais ie ne faurois faire un
Holbein. I'en fay bien d'autres particularitez , mais j'en dois dire une icy ,
qui nous fera reprendre le difcours d'E-
rafme.

Quand Holbein eut vû fon *Encomium
Moriæ* , imprimé chez Fröben in 4°. en
1514. il tira dans les marges , des petites figures à la plume qui forment hui-
rante-trois tableaux : ce font cóme autant
d'éclairciffemens du texte , mais elles
font fi bien & fi nettement deffeignées
qu'on pourroit cónoître la force d'Holbein par ce feul Ouvrage. Voicy comme
il s'eft expliqué a côté du titre du livre,
*Hanc* MORIAM *piẽtam decem diebus ut
obleẽtaretur in ea Erafmus, habuit.* Erafme aymoit Holbein , il ne luy fut pas
difficile de fe mettre en belle humeur,
à la vûe de fon livre qu'il trouva fi bien
embelly , & de donner à quelques-uns
de ces petits Originaux , des devifes
affez plaifantes. I'en ay remarqué trois,
qui pourront donner du plaifir à V. A. S.

A la page 55. le texte porte, *Ne vi-
dear Erafmi mei commentaria fuppilaffe,*
Holbein donne à la marge Erafme affis



écrivant

écrivant dans un livre sur un pupitre, de la maniére dont il le peignoit, & dont même Albert Durer la repréfenté. Eraf-me qui s'y vit peint avec un peu trop d'enhonpoint, écrivit fur le livre de la figure, ADAGIA ERAS. & au deſſous, on lit , *Quum ad hunc locum perveniebat Erafmus, fe pictum fic videns exclama-vit, Ohe, Ohe, fi Erafmus adhuc talis effet, duceret profecto uxorem.*

A la page 54. à la droite de ces mots, *fed multo candidiùs pinguis ille ac niti-dus Epicuri de grege porcus*, Holbein peignit un gros garçon aſſis à une table bien couverte, beuvant une bouteille qu'il tient de ſa main gauche & embraſ-fant de ſa droite la mignonne qui eſt aſſife à fon côté; Erafme écrivit au deſ-fous HOLBEIN; Il crût par ce feul mot qu'on entendroit aſſez ce qu'il vou-droit dire.

Dans la page fuivante vis à vis de ces mots *Scoti anima*, il deſſeigna un en-fant razé à la monachale, qu'il prétend être l'ame de Scot, avec des marques de fon ordure que je ne peux décrire plus hônétement. Erafme y joignit agréable-ment. *Scoti anima cacat ſtulta logicalia.*

Mais

Mais ce Cabinet contient bien d'autres choses : Tout ce qu'Erasme & Amerbach avoient assemblé de curiosités, y est ; le cachet, la Bibliotheque & la plus grande partie des meubles de ce premier y sont conservez avec la derniére estime. Il y a aussi des manuscrits de ce Mr. Amerbach, qui ne sont pas moins précieux. I'y ay remarqué les beaux desseins qu'il fit faire de cette ville d'Augst, dont j'ay déja parlé. On y conserve quatre suittes considerables de médailles antiques, de *Grecques*, de *Consulaires*, d'Imperiales d'argent & d'Imperiales de bronze. Ie ne me souviens point d'avoir vû ailleurs de médaille d'or de l'Imperatrice Plotine. Quoy qu'aparemment Erasme n'eut pas été en état dans les premiers tems de sa vie, de fournir à ces dépenses, la liberalité des Princes qui le consideroient, luy en donna les moyens : Il en eût beaucoup de presens, qu'il célebre dans ses Epîtres ; & l'on dit même que sans la mort prématurée d'un Pape, il eut été élevé aux prémiers honneurs de l'Eglise.

Ce n'est pourtant pas d'aujourd'huy

qu'on le décrie dans tous les partis.
Les Reformez savent de reste qu'il ne
goûtoit pas leur nouveauté & qu'il eut
voulu une reformation d'une autre ma-
nier que la leur. Les Lutheriens ne luy
sauroient pardonner d'avoir écrit dans
ses livres *Poteram in Lutherana factione
esse Coryphæus, malui totius Germaniæ
in me odia concitare, quam à sacrosancta
Ecclesiæ consortio discedere.* Les Moynes
qui de son tems n'étoient la plûpart que
des ignorans & des débauchez, le trai-
tent de libertin & d'impie, quoy qu'on
trouve dans ses lettres, qu'il n'entreprenoit jamais de voyage sans entendre la
Messe & s'approcher même des Autels.
Cependant on a beau dire, il a trouvé
dans tous ces partis, des hommes qui
l'honorent & qui pretendent que sa reputation sera immortelle. Et en effet
on l'ayme presque par tout. On voit encor à Bâle la maison où il est mort ; mais
ie n'ay pas envie d'occuper cette lettre
du seul Erasme.

J'ay quelque chose à dire à V. A. S. de
la Bibliotheque publique : Il y a une infinité de manuscrits, outre les livres
imprimez ; en voicy quelques-uns dont

je

je me souviens : Le *Thucidide* Grec
in 4°. dont Camerarius a fait faire l'édition. *Les Euangiles* en Grec, avec des
lettres carrées, des accens, des esprits,
des points, & au bas des pages, la Con-
cordance avec les autres Euangiles. Les
Actes des Apôtres, qui sont à Oxfort
sont à peu prés de même, mais il n'y a
ni points ni accens. Le manuscrit des
Epîtres de Saint Paul, qui est à Paris
en l'Abbaye de S. Germain des Prez, se
raporte au manuscrit de Bâle, & par les
accens, & les esprits, qui s'y voyent, &
par la mesme disposition des charaçté-
res, où l'alpha a cette même figure α
& l'epsylon celle cy ε : il n'y a pas pourtant de séparation entre les mots com-
mé à celuy de Bâle, qui est apparemment ancien de plus de mil ans. On y
conserve aussi avec la derniere estime un
manuscrit en parchemin in 4°. des raisons que *Calecas* preparoit aux Evêques
Grecs qui devoient se trouver à Bâle au
Concile vniuersel, que le Pape Eugene
transfera à Florence, pour des raisons
particuliéres. On y voit aussi le *Code des
Canons* de tous les Conciles, & des
Saints Peres, avec le *Nomocanon de Pho-
tius*

*tius* & le double Commentaire de *Zona-*
*re* & de *Theod. Balſamon* , bien plus ample que dans ſon edition de Paris ; car
on y voit auſſi beaucoup de réponſes &
de piéces conſiderables des Patriarches
& des Evêques , qui ne ſe trouvent
pas ailleurs. Tout cela ſe doit voir
bientoſt dans l'edition qu'on en fait à
Oxfort. Les Oeuvres de *Gregoire de*
*Nazianze* , y ſont écrites en charactéres rouges, & les Commentaires *d'E-*
*lias Cretenſis* en characteres noirs, qui
n'ont encor été imprimez qu'en Latin.
Ce manuſcrit Grec eſt parfaitement net,
& enrichi même aux chapitres , de
fort belles miniatures. On y voit ſouvent S. Gregoire en chaire , qui prêche
& qui ſemble diſputer contre les Heré-
tiques qui ſont en bas à ſa gauche, ayant
à ſa droite les Orthodoxes , principalement en ſon Sermon *in* ἀνθρωμαίνης ἐπι-
δημίας. Ils ont auſſi un *Alcoran* parfaitement bien écrit ſur cette eſpece de
papier oriental que nous ne connoiſſons que par curioſité. Vn *Virgile* manuſcrit admirable. Enfin ils en ont
quatre armoires pleines , dont la deſcription mériteroit plûtot un volume

qu'une

qu'une lettre. l'ajouteray à ces manuscrits un livre curieus imprimé *in folio,*
*à Ioh. Fuſt, cive Moguntino, per Pe-*
*trum de Gernsheim, Anno 1459.* c'eſt
l'OFFICIALE DVRANDI, qui peut
ſervir de conviction dans la querelle
des nations qui prétendent à l'invention
de l'imprimerie. On voit à Oxfort
les OFFICES DE CICERON imprimez
en 1465. mais comme ce n'eſt que ſix ans
apres, le livre de Bâle eſt encor plus
précieux.

Ie pourrois ajouter icy la peinture
du cloître des Predicateurs. Elle repréſente cette belle danſe des morts, où
les perſonnes de toute ſorte de conditions trouvent le veritable charactére de
leur foibleſſe. Les Empereurs, les Rois,
les Princes, les Gens d'Egliſe, & les
riches, s'y voyent dans la neceſſité de
mourir, comme les pauvres, & ce que
nous appellons les plus miſérables.
C'eſt un ſpectacle des plus mortifians
que je ſache dans le Chriſtianiſme, &
quoy qu'il ſoit orné de toutes les beautez de la peinture, je ne l'ay jamais
regardé qu'avec de grandes penſées
de nôtre aneantiſſement. Sa vûe eſt

publique

publique, pour la rendre ce semble encor plus publique, on l'a fait graver le
siécle passé par un assez bon Maître. Ce
livret n'est pas indigne d'une belle Bibliotheque.

Si je m'arrétois à la beauté de la ville, je n'en sortirois point. Il y a pourtant une particularité illustre, qui se presente & que je ne puis laisser. On voit
dans l'arsenal, des dépoüilles de Charles
Duc de Bourgogne. C'est ce grand Prince, *Monseigneur*, qui tient toute l'histoire de son tems, les Suisses firent voir
qu'il n'étoit pas invincible & qu'il est
tres-dangereux d'attaquer en même tems
la justice & la liberté: Mourat & Nancy
en feront des preuves éternelles.

Dans les environs de Bâle, il y a mille
choses remarquables qui dépendent de
la situati    & de la nature du lieu. Les
paysages y son charmans, l'aspect même
de Bâle du bas en haut de la riviére, qui
traverse les deux villes, est admirable.
Cét endroit du Rhin où les saumons re-
montent de la mer pour y peupler, n'est-
il pas considerable? On sait precisément
la saison de leur arrivée, le tems de leur
demeure, & celuy de leur depart; les pêcheurs

cheurs font leur comte là-deſſus, & ne
s'y trompent point. Le ſablon doré qui
y eſt en quelques endroits du voiſinage,
decouvre aſſez qu'il y à des miniéres
d'or : le voudrois qu'elles fuſſent déja
ouvertes par des Gens qui en meritaſ-
ſent la bonne fortune.

Au retour de Bâle je vis

## BRISACH,

Vne de plus fortes places du monde,
c'eſt comme tout le monde ſait la conquête de Bernard Duc de VVeimar, qui
l'a remis à la France, à qui elle eſt de-
meurée par la paix de Munſter. I'ay vû
la vilette où il mourut entre Bâle &
Briſach.

Ce ſeroit icy le lieu de parler de
*Strasbourg*, ſi je ne remettrois la choſe à
une autrefois : Cette ville fameuſe merite bien une relation particuliére.

En deſcendant le Rhin on vient à

## PHILISBOVRG:

*Philippopolis* & *Vdenheim*, ſont les termes qui la font connoître dans les livres
Latins & Allemans. Ses ſiéges l'ont fait
conſidérer dans les derniéres guerres
d'Alle

d'Allemagne; graces à Dieu tout est appaisé. La paix generale l'a laissée à son ancien Maître l'Evêque de Spire, sous la garnison du Roy de France; c'est à dire que la ville est à l'Evêque, & la forteresse au Roy : ou plûtot que l'Evêque en est le Seigneur, & le Roy, le Maître.

A quatre heures de là sur la droitte, est la ville

## D'HEILDELBERG.

Elle a dans sa médiocrité toutes les beautés. Le Necre qui est à ses pieds luy donne de bonnes eaux, du poisson en abondance, & les plus agréables promenades du monde. Ce qui la rend plus aymable, & qui luy donne plus de réputation, c'est le vin, qui porte son nom, qu'on boit par toute l'Europe, où il y a de la bonne chere.

Son Academie a été autrefois une des plus celebres du monde : Elle a encor aujourd'huy tout son merite, mais la fortune des tems l'a un peu depeuplée: Le pays à souffert trente années de guerres, & a eu besoin pour se rétablir d'un gouvernement aussi sage, &

aussi

auſſi juſte que celuy du Prince qui y fait aujourd'huy la felicité de ſes Sujets. Les démelez qu'il a eu avec le Duc de Lorraine, ont un peu interrompu le deſſein qu'il avoit de luy rendre ſon ancien luſtre, il y a apparence que le Ciel en favoriſera les ſoins & la bonne volonté. L'alliance qu'on negocie aujourd'huy entre ſa maiſon & celle de France, marque aſſez l'eſtime qu'on en fait en cette Cour. L'Angleterre, la Suede & le Dannemarc ont de grandes liaiſons avec luy, & on pourroit dire plus de raport qu'avec les autres Princes de l'Empire. Le Mariage de Monſieur le Prince Electoral avec la Princeſſe de Dannemarc, eſt une preuve illuſtre de ce que nous venons de dire; mais ſa preſence donne encor de plus grandes idées que tout cela. Il a tous les charactéres ſublimes, la magnificence, la grandeur d'ame, l'intelligence, & cette ſageſſe ſi exquiſe qui paroît dans tous les endroits de ſa conduite. Pour Mr. le Prince Electoral ſon fils, il ne luy manque aucune de ces grandes diſpoſitions qui promettent de nous faire voir un jour dans ſa perſonne tout ce

que

que nous venons d'admirer dans Monseigneur l'Electeur son Pere.

Ie serois peut-étre sorty d'Heidelberg sans vous parler *du grand tonneau,*
si l'aymable Monsieur Polier ne m'ad-
vertissoit qu'il ne le faut pas oublier.
L'avis est un peu yvrogne, il vient pourtant d'une personne fort sobre, & qui
cóserve ce charactére de modération par
tout; c'est qu'il sait que les prodiges meritent bié leur place parmy les choses curieuses. Ce tonneau, *Monseig.* est aussi fameux que le fut le Colosse de Rhodes,
qui n'avoit pas plus d'eau entre ses jábes
que celuy-là a de vin dãs son sein. Ie crois
qu'on y peut mettre la récolte de tout
un vignoble : il a tant de circuit & d'é-
paisseur, qu'il faut faire du chemin pour
le voir par tout. Il a 21. pieds de hauteur
& 31. de longueur & tient 210. tonneaux
ordinaires de vin. Ce vaisseau porte luy
méme son ocean, mais un ocean qui a son
flux & reflux : il est trop dangereux pour
le naviger, il ne faut que s'en approcher pour y perdre sa boussole ; les tem-
pêtes y sont ordinaires, sans tourmen-
tes & sans vents, & les raisons y viennent faire naufrage au port : Enfin c'est
                                    cette

cette mer pacifique qui trouble tout le monde , sans se troubler elle-même.

En suivant le Necre, on trouve *Manheim* : Il seroit difficile que j'oubliasse sa situation , outre que je l'ay souvent remarquée , elle est sur cette médaille dont S.A.E.P. m'a honorée. On y voit que cette forteresse donne la sureté au Rhin & au Necre qu'elle protege & qu'elle couvre. J'y vis à mon retour les restes de la magnificence que les peuples avoiët preparé à l'entrée de la Princesse Electorale. Ce petit terroir est fort heureux par son abondance , mais particulierement par l'indulgence du Prince , qui soulage ses habitans , en leur remettant les charges & les impots ordinaires.

V. A. S. me permettra d'aller jusques chez Elle , luy découvrir quelques piéces d'antiquité , qui parlent d'une maniére qui ne m'est pas inconnuë. Ce sont ces deux colomnes antiques qu'Elle a fait transporter dans son jardin : Elles ont souffert du tems, comme le reste des choses de leur age. Les charactéres s'y sót pourtant assez conservez pour se laisser apercevoir par les yeux intelligens ,

j'en

j'en ay tiré cette explication.

Il est certain qu'elles ont été insculpées du tems de l'Empereur Alexandre Severe qui fut tué vers Mayence par Maximin. Voicy ce que je lis sur l'une, & qui est presque conforme en tout à l'autre : Imperatori Cæsari, Divi Severi Pii Nepoti, Divi Antonini Magni Pii Filio, Marco Avrelio Severo Alexandro, Pio, Felici, Avgvsto, Pontifici maximo, Tribvniciæ Potestatis, Consvli, Patri Patriæ. Ga. Ao. Ab. Ao. L. IIII. Nous avons beaucoup d'autres inscriptions antiques qui se rapportent à celles-cy, qui déterminent parfaitement le tems. La quatriéme Legion qui tenoit le pays les fit élever ; & les charactéres de la penultiéme ligne pourroient être les premieres lettres des noms des principaux Officiers de cette Legion, qui sont demeurez dans l'obscurité. Il y a apparence qu'on les avoit faites pour orner leurs tombeaux.

Mais parlons du lieu où elles ont été trouvées, dont le nom augmentera sans doute la preuve de nôtre conjecture. A mille pas de vostre Château, *Monseigneur*, il y a une petite monta-

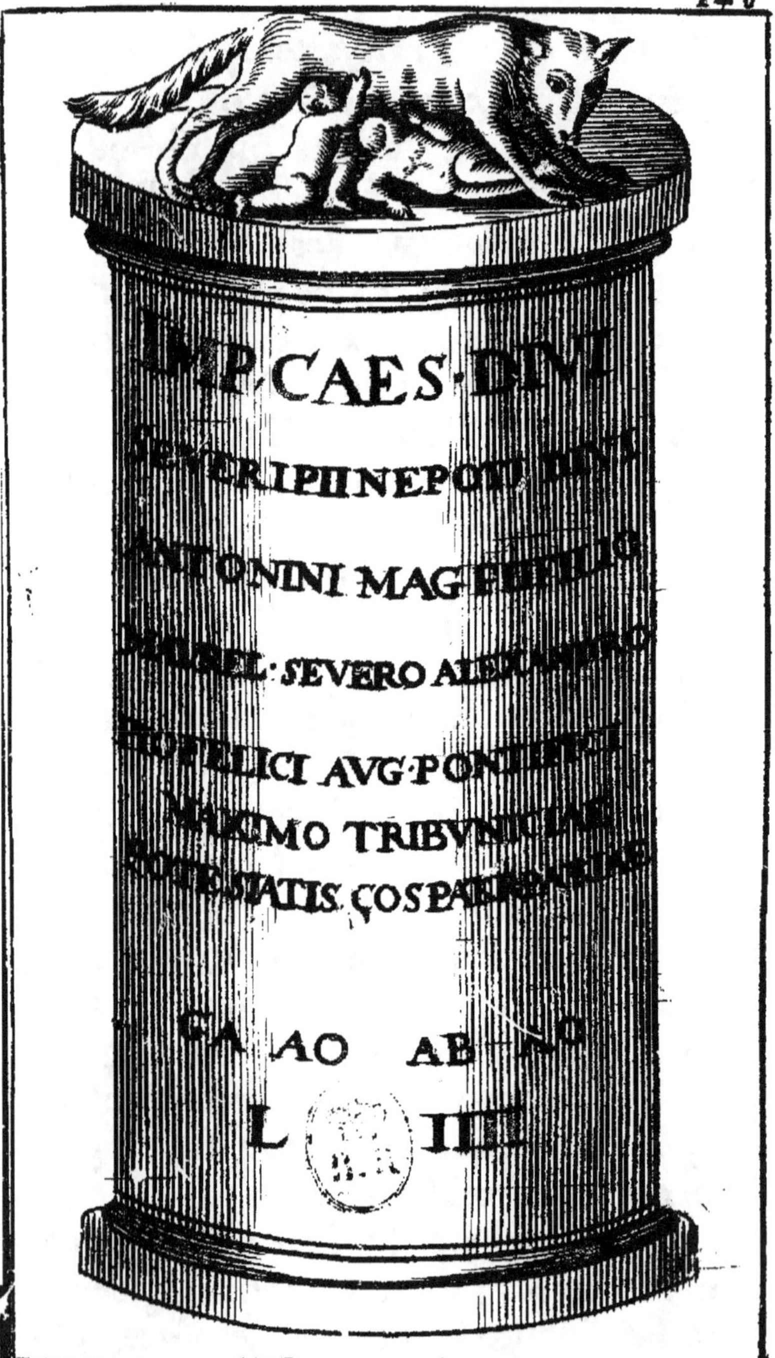
IMP. CAES. DIVI
SEVERI PII NEPOTI DIVI
ANTONINI MAG. F. FILIO
M. AVREL. SEVERO ALEXANDRO
PIO FELICI AVG. PONTIFICI
MAXIMO TRIBVNICIAE
POTESTATIS. COS PATRI PATRIAE
CA AO    AB AO
L    IIII

gne feparée de toutes les autres, & qui
commande ce femble à fon horizon.
Les Romains y bâtirent une tour à
leur maniére, qui en ce tems-là étoit
une efpece de forterefle. On en voit
de femblables dans la Colomne Traja-
ne qui eft indubitablement la plus belle & la plus parfaite de toutes les antiquitez. Ils nommerent cette Tour *Tur-
rim ad lacum*, parce qu'elle eft élevée
dans un terrain marécageux, qu'on
n'a deffeiché qu'avec du tems & de la
dépenfe. Les Allemans qui l'appellent
*Thurn an der lachen*, en ont tiré le
mot de

## DOVRLACH,

Ce qui me paroit par l'abreviation
qui eft fi commode à leur façon de
parler, & par le T qui y fait prefque
toûjours le D. Il y a encor cette cir-
conftance qu'on appelle cette tour
*Hohe Gratzinguen*, à caufe d'vn village
au pied de la montagne qui retient fon
ancien nom de *Gratzinguen*, des Grecs
qui feruoient l'Empereur Severe en
ce pays-là. Cela fe juftifie par l'infcri-
ption des colomnes dont nous avons
parlé

parlé qui ont été faites dés ce tems-là,
& par le témoignage de Lampridius.
Cet Empereur, *dit-il*, à son retour de
l'Orient, fit passer en Occident des Ara-
bes, des Parthes & d'autres, pour la
guerre qu'il méditoit en Allemagne;
il y a apparence qu'il y avoit aussi des
Grecs, qui établirent-là comme une
espece de colonie. Ces troupes au rap-
port du même Historien, passérent dans
l'armée de Maximin qui se fit declarer
Empereur apres avoir fait assassiner Ale-
xâdre Severe. Le tems, le lieu, & les noms
qui restent, expliquent ce me semble ces
monumens. La figure un peu effacée
sur le comble de la colomne, contribue beaucoup à l'éclaircissement
de nôtre explication : soit qu'il y eut
quelque autre figure d'un Officier considérable, à qui on auroit donné cette
louve & ces enfans attachez à sa ma-
melle, comme le symbole de sa patrie,
ou que ce fut simplement la marque de
l'origine des Romains. On sait assez ce
que l'ambition inspiroit à ces grands
hommes, qui faisoient autant d'état
du simulacre de leur louve, que les autres nations, de leurs Divinitez : Aussi
en

en interpretoient-ils le myſtére par un
miracle , qui avoit conſervé leurs fondateurs.

Ie reviens , *Monſeigneur* , car je ſay
que les reflexions eloignées ne Vous
plaiſent pas. Mais je ne peux ſortir de
Dourlach ſans vous parler du Sauant
*Mr. Keck.* Il y a peu de qualitez qu'on
ne luy puiſſe donner auſſi juſtement,
mais celle-là eſt extraordinaire en luy.
Il a toutes les lumiéres de la politique,
de l'antiquité & de l'hiſtoire : il ſait ce
qu'il y a de plus ſecret dans les interets
des Princes & le droit des nations ; Il a
toutes les belles lettres & peut parler en
dix ou douze ſortes de Langues. V. A. S.
ſait que je ne me mêle point des affaires
de la Religion , mais je ſay bien que ce
Monſieur Keck connoit ce qu'il y a
de plus fin dans les controuerſes des
Chrétiens , & dans les ſectes de ceux
qui ne le ſont pas. Ce ſont des qualitez
bien difficiles à trouver , mais qui ſont
pourtant comme neceſſaires au Chef du
conſeil Eccleſiaſtique de V. A. S. Si j'a-
joûtois qu'il eſt Poëte, mais Poëte excel-
lent , je n'avancerois rien qui ne fut
vray : Bref, c'eſt un homme rare , & ſi

je

je ne me souvenois qu'il est fort de mes Amis , j'en dirois bien d'avantage.

Nous vîmes encor aupres du Rhin, cette colomne que le Roy de Suede y éleva comme un monument de ses victoires : Et à

## H Æ C H S T

Qui est à la droite sur le Mayn , des restes deplorables de la guerre. Cette ville si belle avec son Château si superbe , n'est plus qu'un espece de village , qui ne s'est conservé que pour la necessité de la route de Mayence à Francfort : On en peut dire , *Nunc seges est vbi Troja fuit.*

## MAYENCE

Est bien une autre place : le sejour de l'Electeur ne contribue pas peu à sa reputation. Outre qu'elle est grande, magnifique & bien peuplée, elle est encor considerable par quelques vestiges de l'antiquité.

Dans la Citadelle, qu'on y a fait depuis peu, il y a une eminence qu'on pretend avoir été le *tombeau de Drusus.*

Ce

Ce Romain avoit ſi fort preſſé les Allemans, que ſon nom eſt demeuré en
abomination dans ce proverbe, *daß
dich der Druſ hole.* Cependant nous li-
ſons dans Suetone, qu'on luy donna
ſa ſepulture au champ de Mars, & que
ſon corps fut porté juſque dans Rome,
ſur les épaules des perſonnes les plus
conſiderables des lieux par où il
paſſoit. On ſe peut pourtant éclaicir
ſans ſortir du texte de cét Hiſtorien, où
l'on remarque que les Légions rendi-
rent les derniers honneurs à la memoire
de ce grand Capitaine; elles deteſterent
le camp où il eſt mort, à qui elles laiſ-
ſerent le nom de *ſcelerata caſtra*; elles
luy conſacrérent la repréſentation d'un
tombeau, & des fêtes qui ſe devoient
célebrer chaque année au méme endroit,
par des combats & des courſes de che-
uaux; & engagérent la Religion de nos
anciens Gaulois à des priéres annuelles.
Il eſt ayſé de conclurre que cette antiquité qui a tant de reputation, n'eſt
que cét *honorarius tumulus* dont parle
Suetone.

I'eus encor le plaiſir, *Monſeigneur*, d'y
approcher un homme dont je ſavois de

si grandes choses je m'apperçeus que la reputation publique qui en parle tant, ne m'avoit pas tout appris. Son merite extraordinaire & sa vertu solide qui ont également parû dans les disgraces ne font pas toute la beauté de sa vie. On est assez informé de la part qu'il a dans les premieres affaires de l'Empire, & de l'estime qu'on y fait de ses conseils : mais il faut le voir de prés, pour remarquer qu'il a des qualitez qui le font aymer, beaucoup de bonté, beaucoup de douceur, & tout ce qu'on se peut imaginer d'honneur dans sa conduite. Il ne seroit pas necessaire de dire que c'est Monsieur *le Baron de Boinebourg*, ce charactére ne luy est pas moins propre que son nom même, ses deux filles sont entrées dans les familles des Electeurs de Mayence & de Tréves, & il n'y a rien de grand qu'on ne puisse attendre de Monsieur son fils.

En passant plus avant, les paysages & les villes du Rhin sont admirables, comme *Coblens*, *Cologne*, *Andernach*, *Nuys*, *Vesel*, *Réez*, *Emmerich*, dont je me souviens particuliéremét, peutétre, parce qu'elles m'ôt fait voir des antiquitez curieuses curieufes, & que j'y en recouvre quelques unes, V. A. S. fera étonnée d'apprendre qu'il y a des Cabinets chez des gens de toute forte de conditions : Des Princes, de Gentils-hommes, des Theologiens, des Iurifconfultes, des Medecins, des Hiftoriens, des amateurs de belles lettres, des Marchands & même des Artifans. I'ay des manufcrits de deffeins admirables, que j'ay fait faire en ces quartiers-là fur des médailles d'une extreme rareté, dont je Vous divertiray en fon tems.

Nous n'oublierons pas ce fameux vignoble qui fournit ces agréables vins aufquels les Etrangers viennent faire la Cour. Aufli ce n'eft pas fans raifon que

## BACCARACH

Eft la principale ville ; ce mot Alleman adoucy porte nettement *Bacchiara* ; il ne refte point d'autels plus parlants à aucun Dieu de l'antiquité. Ces vins font le patrimoine du pays, mais un patrimoine riche, qui produit le fonds le plus liquide du Palatinat. C'eft cette bienheureufe terre que Dieu conferve

serve comme la prunelle de son œil ; au
moins , *Monseigneur* , je ne parle qu'a-
près un de leurs plus célebres Prédica-
teurs. Cette petite Province appartient
par bon-heur à Monsieur l'Electeur Pa-
latin. Quoy qu'il soit un des plus so-
bres Princes de l'Europe , il fait donner
toute l'estime à ces grands vins : Et son
humeur si genereuse & si magnifique
en fait une part considérable à tout ce
qu'il y a de Princes qui ayment la bonne chere.

A quelques lieües de là , la Moselle
e vient rendre dans le Rhin avec les
vins excellens qui naissent dans ses cô-
tes , & se distribue jusques dans le Septentrion , où on en pare les meilleures
tables. Il n'a pas la force des vins du
Rhin , mais il l'emporte du côté de
la delicatesse. I'entretiens - là V. A. S.
de choses qu'Elle sait apparemment
mieux que moy , car quoy qu'Elle ne
face qu'un tres-bon vsage des meilleurs
vins , je l'ay vû souvent prendre plaisir d'en entendre faire l'estime & le
discernement. Si cecy passe pour une re-
petition,elle a cela de supportable,qu'elle est bien courte.

I'aurois

l'aurois eû plus de satisfaction dans le cours de ce voyage, si je n'avois trouvé la Hollande dans de grands préparatifs de guerre. Elle armoit de tous côtez, sur l'apparence d'une rupture avec la France. Il y avoit dix mil hommes dans Maestric, pour les besoins de toute la frontiére de ce côté-là. Ie fus présent a une reveüe de cinq mil chevaux qui se fit à *Vesel* : *Emmeric* étoit aussi en fort bon état. Ces deux places, dont les garnisons sont Hollandoises, appartiennent comme Vous sauez, *Monseigneur*, à S. A. E. de Brandebourg. Tout cela m'ôta les ouvertures ausquelles je m'attendois pour plusieurs éclaircissemens de médailles. Ie fis pourtant quelque découverte ; Peut-être qu'un autre voyage me donnera la satisfaction entiére. Ce ne sera que lors que le Roy aura rassûré les Hollandois, ou pour mieux dire lors que ses intentions seront mieux éclaircies : La conduite de ce grand Prince est toute pleine de justice & de sagesse, & l'union qu'il a avec ces Etats, est fondée sur de si grands interets, qu'on n'en peut esperer que la continuation : au

G 3

moins

moins je la souhaitte de tout mon cœur.

*Scinckenchants*, ou comme nous parlons en François, le *Fort de Skens*, est à la pointe de cette isle, où le partage le Rhin : C'est une place importante, qui sert de boulevard à tout le pays: Elle a ses bastions, ses pieces detachées, & ce qui la rend de difficile abord, c'est qu'on trouve le marais par tout, au travers duquel il a falu ménager le chemin qui conduit à la porte unique de la place. Cette forteresse est le magasin & la ressource de tout le voisinage. Le droit des peages qui y est fort modique, ne laisse pas de produire des fonds côsiderables aux Etats; aussi l'abord des marchandises qui entrent & qui sortent du pays, y est-il fort grand.

De ces branches du Rhin, la moindre retient son nom; l'autre qui prend celuy de Vahal ou de Rhin François, passe au pied de

# NIMEGVE

La capitale de Gueldres. Elle est fort abondante, & quoy que son nom marque de la nouveauté selon le langage du pays,

pays, il est constant qu'elle est fort ancienne. Il paroît assez par sa situation
que c'est *l'Oppidum Batavorum*, dont
Tacite & quelques autres Historiens
parlent à propos des guerres de *Civilis*
& de *Cerealis*. Deffunt Mr. Smetius a
fait cette decouverte dans le Traité qu'il
en à donné au public. Son fils est homme de lettres & parmy toutes ses belles
qualitez, celle qu'il a d'étre curieux me
touche le plus. Il a dans son Cabinet
de ces sortes d'antiquitez qui se trouvent dans le pays; Ce sont les monumens de plusieurs siécles que les Romains y ont laissé. On y voit des autels,
des urnes, des debris de sepulcres, des
inscriptions, des anneaux, & tout ce
que la magnificence de leur Religion a
introduit: mais les médailles font la
plus belle partie de ce Cabinet. J'en ay
fait desseigner les plus curieuses, & je
dois à ma bonne fortune la facilité qu'il
a eu de m'en accommoder de quelques-
unes.

Le Château de Nimegue est assez
magnifique, mais ce qui le rend fameux,
c'est qu'il a été bâty par Cesar, & que
la tradition luy en a conservé le nom

 jusques

juſques aujourd'huy. Les campagnes voiſines ont été le teatre ordinaire de la guerre des Romains. Ceux qui ſauent l'Hiſtoire, ſe ſouviennent que ce fut là que Civilis fût battu, & qu'il ne ſe fut pas tiré des mains de ſes ennemis, s'il n'eut trouvé ſon ſalut dans l'île dont nous avons parlé, & où on remarque encor l'endroit de ſa fuite. Auſſi étoit-ce fait de la liberté du pays, ſi la flotte ſe fut trouvée aſſez à tems pour donner, & pour boucher les paſſages que trouvérent les vaincus pour ſe venir ralier. *Debellatum eo die foret, ſi Romana claſſis ſequi maturaſſet.*

Et à propos de cette liberté, c'eſt un bien que ces peuples ſe ſont toûjours conſervé tout entier. La puiſſance des Romains n'a pû leur impoſer le joug qu'elle a donné au reſte des nations. Leur victoire méme ne les a pas mis en état de les contraindre à recevoir les moindres conditions qui fuſſent un peu contraires à ce droit qui leur eſt naturel. On voit dans leur traitez de paix, leur liberté toûjours à couvert, avec ces titres honnêtes d'Amis, d'Alliez & de Voiſins; & s'il ſe ſont obligez en quelque

que chofe , ce n'a été que fous les apparences d'amitiez & de confédéra-
tions. C'eft l'expreffion méme de Tacite,
*manfit honos & antiqua focietatis infi-*
*gne :* Et c'eft cette focieté dont parle Ti-
te-Live , qui laiffe toute l'égalité entre
les partis; *Societas æqualis iuris eft.* Ils
fe font toûjours affurez par des difpo-
fitions & des priviléges que les Empereurs leur ont accordé de tems en tems;
& les derniers efforts que l'Efpagne a
fait contre cette liberté , n'a fervy qu'à
l'établir avec plus d'honneur & de réputation. On peut dire qu'elle n'eft pas
de mauvais exemple à leurs voifins qui
n'en joüiffent pas : La Religion Catho-
lique que leur politique ne doit pas fouf-
frir , y eft deffendue , mais elle n'y eft
pas perfecutée; & avec toutes les precau-
tions , on en peut faire l'exercice.

Ie demeuray quelque jours à

## VTRECHT;

Il ne manque rien à la beauté de
cette ville. On peut dire qu'elle eft le
fejour de la Nobleffe , parce qu'il y en a
plus qu'é aucŭ autre endroit des dix-fept
G 5 Provinces.

Provinces. La situation y est charmante
& plus éleuée que le reste du Pays - bas:
c'est pour cela que les eaux y sont admirables , & qu'on en fait charger de fort
loin. Elle a deux canaux, dont l'un porte encor le nom du grand Drusus. On
remarque à tous les deux , de la magnificence & des richesses , par la multitude des barques qui les couvrent incessamment , & par ce double rang de maisons qui les bordent de chaque côté,
dont l'un sert de parapet & de platefor-
me à l'autre. Tout y aborde, & ce qu'on
estime fort rare dans tous les pays
froids , est icy fort commun , & à fort
vil prix. Il ne paroît pas que les citrons,
les oranges,& les autres fruits delicieux
y viennent de si loin , à cause de leur
fraicheur & de leur abondance. Parmy
tant de gens de merite qui s'y rencontrent , il y a un *Mons. Christian Vtem-
bogart :* C'est un illustre , *Monseigneur,*
pour qui j'ay la derniere veneration : Il
est savant, il est genereux , il est aymable , il a quelque chose de plus , une certaine bonté qui se donne toute entiére & qui gagne aussi le cœur sans reserve.

Il y a encor l'habile Monsieur *Ker-cringius*, qui est bien plus qu'un tres savant Médecin: Il a porté l'Art de la dissection dans la derniére delicatesse, C'est chez luy que j'ay vû nettement tout ce qui se passe dans cette nuit épais-se où se forme le fœtus; il en a de tous les âges, si ce mot se peut souffrir. On y peut remarquer avec de l'ordre & de la proportion, les progrez qui se font de jour en jour depuis, l'œuf jusqu'à l'achevement, c'est à dire depuis le peu de matiére qui s'assemble d'abord sous la main de la nature, jusques à la perfection du corps organique & animé. On ne peut assez admirer ces petits squelets de chair, ces os presque liquides, ces premiers desseins du corps humain. Ce sont autant de mysteres devoilez, qui laissent de grandes lumiéres dans l'esprit, & des vûes pour les plus belles reflexions du monde. Il m'a fait obser-ver trois ventricules dans un cœur, & une pierre dans une autre: les veines Cave & Porte & leur rameaux déta-chez des autres parties, avec vne pro-preté & une finesse de travail in-concevable, & une infinité de choses

de

de cette force qu'on peut appeller de petits originaux qui se copient eux-mêmes, des démonstrations parlantes qui charment, qui instruisent & qui persuadent en même-tems. Celuy qui possede ces thresors achéve par sa conversation si savante & si polie, le plaisir qu'on a de se voir parmy tant d'objets surprenans : ce qu'il fournit de son côté à un entretien que nous eûmes de la superfœtation, étoit une espece de curiosité pour moy plus touchante que toutes les autres. Son traité de Spicilegivm Anatomicvm qu'il a mis au jour, sera la caution de tout ce que je viens de dire.

La campagne qui environe Vtrecht est pleine de ces lieux enchantez, de ces solitudes délicieuses, où la sagesse a fait tant de progrez. C'est là qu'on rencontre ces bien-heureux abris, où l'ambition soûlée s'est venue refugier, où les Grands-hommes accablez de la gloire & du fardeau de l'Empire du monde, ont sçeu trouver de la douceur & du repos.

Ie dois à V. A. S. deux remarques que je fis au jardin de Monsieur *Granius*,

D · M · VALENTI
BITITRALI ·
VET · EX · N · ALÆ I
ACHV · M · H · F · C ·

Professeur si celebre, qui toutes deux illustrent l'antiquité. L'une éclaircit un mot que nous voyons sur la médaille de Commode, I. O. M. E X S V P. que j'ay toûjours vû expliqué E x s v-PERIS : On y doit dire Iovi OPTIMO MAXIMO EXSVPerantissimo , comme il est écrit tout au long sur la pierre qui avoit apparemment servy de monument. Il y a une autre pierre qui mérite sans doute plus d'application. Ses deux premieres lettres & ses quatre dernieres m'aprennent que c'étoit un monument , quoy que les noms de ceux pour qui il étoit fait me soient inconnus. D. M. signifie sans doute DIIS MA-NIBVS : Les dernieres en désignent précisément l'usage, par les mots ordinaires, *Monumentum Hoc Fieri Curauit* J'en ay trouvé l'ornement digne de Vous être communiqué : Aussi l'ay-je fait faire exactement sur l'original. Il occupe la moitié d'une pierre haute d'environ quatre pieds, & represente un homme couché sur son lit, ou si Vous voulez, sur son *Triclinium* avec une table devant luy chargée de fruits. Deux valets y sont en état de service : l'un tient

un pot, d'où vient le mot de *Pocillator*
l'autre qu'on pourroit dire *à cyathe*
(comme en ce vieux Epitaphe, D. M
DORYPHORO CÆSARIS A CYATHO
*&c.*) tient une espece de flacon, où il y
avoit apparemment quelque liqueur pré-
cieuse. Peut-étre que ce premier a déja
versé de l'eau, son pot à demy renver-
sé me le fait croire, & que l'autre apporte du vin frais. Peut-étre aussi que ce
maître qui tient son gobelet dit suivant
l'ancienne coutume, BENE MIHI, BE-
NE VOBIS, BENE AMICÆ MEÆ, BE-
NE OMNIBVS NOBIS, BENE EI QVI
NON INVIDET MIHI, ET EI QVI
NOSTRO GAVDIO GAVDET. C'est ce
qu'on pourroit expliquer, boire à l'Al-
lemande à la santé de la bonne compagnie. Qu'il y auroit de joyeux commentaires à faire sur cette pierre, *Monseigneur* : mais il se pourront faire à Dourlach plus commodement qu'icy : cependant je Vous en envoye le dessein en
racourcy.

D'Vtrecht je me rendis à

## AMSTERDAM.

On a par tout de si grandes idées de
cette

cette ville, que quelque chose qu'ó en dise, on dit toûjours trop peu. V. A. S. sait
que c'est le siege de l'opuléce & le rédez-
vous des richesse, qu'elle a dás sa situatió
dans son étédue, dans ses bâtimens plus
que superbes, dans ses canaux qui la partagent de tous côtez, & dans ce faste
qu'on ne peut exprimer, & qui est son
veritable charactere, plus de grandeur
& de magnificence que la plus belle
Rome. Ie ne m'en étonne pas *Monsei-*
*gneur* : Elle a porté plus loin son commerce que celle là n'a fait ses conquêtes. Elle a trouvé deux mondes pour
s'enrichir, au lieu que l'autre s'est con-
tentée des dépoüilles d'un seul. C'est
un spectacle bien pompeux de voir dans
ses ports & sur ses canaux, les flortes qui
la viennent peupler. On y a quelquefois
conté jusqu'à dix mille vaisseaux, c'est à
dire une autre Amsterdam sur les eaux,
ou plûtot une Province flottante, dont
Amsterdam est la capitale. Parmy cét
abor infiny, on croiroit être à la foire
de l'Vniuers. Cette imagination est un
peu forte, mais que peut-on dire d'une
ville où se rencontrent tant de nations
differentes, où sont étallées tant de richesses,

cheſſes , où l'on voit en même tems
tout ce que la fertilité des Indes a produit en pluſieurs années : Et pour parler plus clairement , où ſont les ma-
gaſins de toutes les moiſſons de l'O-
rient.

*L'Hôtel de ville* y eſt admirable ; ſon
architecture eſt la plus magnifique &
la plus reguliére du monde ; C'eſt une
depence de trente millions que l'art a
fait en peu d'eſpace.  On l'a tiré en détail dans des eſtampes , qui ont aſſez
de reputation.  Les particuliers y ſont
fort riches , il y en a qui le ſe-
royent même au ſentiment de Craſſus.
I'en ſay un qui a ſecouru ſi puiſſamment
le Roy de Dannemarc, qu'il l'a tiré des
mains de la Suéde. Leur maniére de comter eſt ſurprenante.  C'eſt encor quelque choſe de plus fier que ces talens
des premiers empires. A leur voir par-
tager l'or par tonnes, Vous vous ſou-
viendriez, *Monſeigneur*, des Triumvirs
qui ne firent que trois parts du monde.  On y croit ce qu'on veut ; la religion y eſt libre comme l'état : la nôtre même ne choque pas leur conſcien-
ce,

ce, & parce qu'elle intéreſſe leur politique, c'eſt la ſeule qui n'a pas ſon exercice public.

I'y ay vû de toutes les curioſitez, &
de toutes les eſpeces ; des peintures
que nous connoiſſons & de celles que
nous ne connoiſſons pas : Des tableaux
Indiens & Chinois, d'un travail ineſti-
mable. On découvre dans ceux-cy les
plus ſecrettes particularitez des hiſtoi-
res , de la façon de vivre , & de la
religion du pays. On y voit des Martyrs
qui ſacrifient leur ſang à la fureur de
leur zele, s'il eſt permis d'appliquer ſi
mal ce nom ſacré qui n'appartient
qu'aux Heros de la verité & de l'E-
vangile. Car l'effuſion du ſang & la
mort même ne ſont que les décora-
tions exterieures du martyre ; le lieu
de ſon ſacrifice eſt le cœur & la
volonté , où il a la foy pour ob-
ject.

Pour les autres curioſitez elles y
ſont en ſi grand nombre qu'on en pou-
roit parler par tonnes , comme de leur
or. Il y a entre les autres , quatre cabinets

binets où sont renfermées autāt de belles
choses que j'en aye jamais vûes ailleurs.
Monsieur *de VVitzen* Secretaire de la ville, a le premier. Il semble que sa maison
soit moins faite pour l'habitation, que
pour le plaisir des yeux. Ce n'est par tout
que magnificence & symmétrie : On ne
sait si c'est le Cabinet qui sert d'ornement à la maison, ou la maison au Cabinet, il a des tableaux, des livres, des
bustes, des antiquitez, & ce qu'il y a de
plus fin en ce genre. On peut dire que
ce qui est rare par tout, se trouve en
abondance chez luy. Messieurs *Vander-*
*Hem* & *Occo*, Avocats ont chacun le
leur : On n'en sauroit faire la comparaison, parce qu'on n'en sauroit faire l'estime ; on s'imagine avoir tout vû, quand
on en a vû un, & on trouve dans l'autre
une foule de choses toutes nouvelles. Il
ne semble pas qu'on aille d'un Cabinet
à un Cabinet, mais d'un monde à l'autre. Mr. *Gril* a le quatriéme. J'ay fait
desseigner dans ces grands fonds, ce qu'il
y a de plus beau en médailles, mais ce
sont des beautez inconnuës à bien du
monde, que je conserve à V. A. S.

Je vis en un autre endroit des cartes
d'une

d'une importance extraordinaire ; Elles découvrent tous les secrets de la navigation : Ce sont les images de la mer au naturel. Le terrain de son lit y est aussi exactement représenté, que s'il avoit été tiré à sec. Les écüils, les syrtes, les bancs, les détroits, les manches & les rochers, tout y est marqué : Sans être pilote, on pourroit avec ces instructions trouver les routes d'un pole à l'autre. Mais l'interest public laisse dans le silence ces oracles que l'experience a rendu de tems en tems.

Laissons Amsterdam & gagnons l'Angleterre, la ville de

## HAERLEM

Est la premiere sur la route. On ne la peut voir sans se souvenir qu'elle tient la place d'une autre, qui tomba sur la cruauté & les derestables débordemens des Espagnols. La mer qui porte son nom, n'est proprement qu'une plaine d'eau, mais plus difficile que l'Ocean même. Le chef de la maison Palatine y pensa demeurer, & ne se sauva qu'avec la perte d'un de ses enfans. La grande Eglise est un des plus beaux vaisseaux de

la

la Holande, & on y voit dedans le superbe tombeau de l'Admiral Opdam. On trouve,

## LEYDEN

En suite, si celebre par son Academie. L'histoire des dernieres guerres éternisera son nom à la honte des Espagnols, qui leverent le siege, & luy abandonnerent une victoire qu'ils remportoient le lendemain. Ie porte une médaille à V. A. S. qui dit la même chose en plus beaux termes. Les voicy : SICVT SENNACHERIB à IERVSALEM, SIC HISPANI à LEYDA NOCTV EVGATI, 1574. Il y a mille curiosités dans l'*Amphiteatre anatomique*, aussi bien que dans le *jardin des plantes*, qui meritent d'étre remarquées par les étrangers, particuliérement des squelettes de toutes sortes d'animaux, & des raretez naturelles, que les bornes d'une relation ne me permettent pas de specifier en détail. C'est trop peu pour

## LA HAYE

De n'en parler qu'en passant. I'y appris qu'on y sauoit reconnoître tout le

merite

merite du Prince d'Orange , & en même
tems qu'on y vivoit daus une certaine
défiáce couverte. Donc, *Monfeig.* ce Prince fera digne du fang de tant de Heros :
donc ces peuples ne font pas mauvais
politiques.

On admireroit

## DELFT

S'il n'étoit pas dans le pays des belles villes. Il a pourtant cét avantage fur
les autres , qu'il eft dépofitaire des cen-
dres du grand Guillaume Prince d'O-
range : l'ay vû le tombeau qui les garde,
où par les embelliffemens , la magnificence & les infcriptions, on s'eft efforcé
de faire juftice à fa memoire. Celuy de
l'Admiral Tromp y eft auffi.

## MAESLAND-SLVIS

Eft à la cheute du Rhin. Il y a plaifir
d'y voir arriver ce grand fleuve avec
cette foule d'eau. On diroit que fati-
gué de fa courfe , il vient s'étendre
& fe repofer dans cette campagne , où
il pert fa forme, pour faire une efpece de petite mer qui prend le nom de
Meufe , à caufe que le terrain eft du

patrimoine

parrimoine de cette riviére.
Nous nous embarquâmes à

# L A B R I E L E,

Qui eſt un peu au delà, pour faire ce trajet. Cette ville ſervit autrefois de Nantiſſement à Elizabeth, lors qu'Elle donna ſes forces contre l'Eſpagne. Nous eûmes le tems commode & l'occaſion de voir à nôtre aiſe une des plus belles choſes du monde. La flotte Hollandoiſe rangée en bataille tenoit tout le paſſage, quoy que nous ne viſſions par tout que la guerre, rien n'étoit plus en paix que nôtre chemin. Nous joüyſſions eu ſeureté de ce qu'on ne voit gueres ſans danger; il ſembloit que la bonne fortune eut peuplé ce vaſte deſert pour nous deſ-ennuyer. Ce grand élement tranquille ſembloit s'humilier ſous la terreur de cette armée navale; Mais il n'eſt pas toûjours ſi bon, *Monſeigneur*, il a ſes fu-reurs, & quand il s'y met, il ſe joüe bien de cette fierté : Il pouſſe devant luy ces grandes machines comme le vent pouſſe la pouſſière. Nous apprîmes qu'on étoit là pour prevenir des deſſeins qu'on apprehendoit du côté de la France, &

ſans

fans nous inquiéter davantage de l'affaire d'Etat, nous continuâmes nôtre route
par la Tamife.

Les vaiffeaux qui la couvrent, les moif-
fons & les payfages que nous admirions
fur fes bords, nous occupoient agréablement. On y voit à la droite, la citadelle
que le Roy fait fortifier avec tant de dépenfe & de foins. Ce pofte tient un grand
terrein fur la Tamife ; un vaiffeau a bien
des volées de canon à effuyer, avant que
d'en avoir franchy le paffage. Ce feroit
une réfource toute prête pour ce Prince
dans une extrémité. Dieu veüille redui-
re ces peuples & fauver la couronne d'u-
ne feconde cataftrophe.

Nous mîmes pied à terre à

## LONDRES.

C'eft cette grande ville qui fait tant de
bruit dans le monde. Il eft vray, *Monfeigneur*, tout ce qu'on en dit : on s'y égare, on s'y perd, on ne fauroit affez s'i-
maginer où va la multitude du peuple &
l'abondance des richeffes. L'endroit de
cét effroyable incendie qui brula onze
mille maifons, eft aujourd'huy toute la
beauté de la ville. I'y ay vû avec étonnement

ment les ruines de l'Eglise de saint Paul:
Elles impriment encor de la grandeur
& du respect. Ce debris a conservé
des restes de magnificence & de majesté, que le feu n'a pû effacer ; Et toute
la rage de cet élement n'empêche pas
qu'on admire dans sa chute ce temple
qui y fut autrefois si superbe.

Le *pont de Londres* n'a rien d'extraordinaire que son spectacle, qui est aussi affreux qu'on en ait jamais élevé à
la mémoire du crime. On y voit em-
palez sur une tour les têtes de ces exe-
crables parricides de la Majesté. Il semble que l'horreur les anime, & que
leurs supplices qui continuent toûjours
les forcent à un repentir éternel. Celles
de leurs chefs Cromvel, Ireton son
gendre & Bradshav, sont sur ce grand
édifice qu'on appelle le Parlement, à
la veüe de toute la ville. On ne sauroit
les regarder sans pâlir, & sans s'imaginer qu'elles vont jetter ces paroles
épouvantables ; PEVPLES, L'ETERNITÉ
N'EXPIERA PAS NÔTRE ATTENTAT,
APPRENEZ A NÔTRE EXEMPLE
QVE LA VIE DES ROIS EST
INVIOLABLE.

*Vvestmun*

Quoy que les Particuliers soient riches à Nuremberg, on peut dire que ce qui est public est infiniment plus superbe. C'est ce que j'ay observé dans les Republiques que j'ay veües, & c'est ce qui les conserve. Leur *Arsenal* est tres-bien entretenu, & peut armer en un instant neuf à dix mil hommes. *La Cour* est un bâtiment des plus magnifiques, enrichy d'une infinité de peintures de prix; dont celles de ce grand Durer tiennent avec raison le premier lieu. *Le Château* qu'on pretend être du tems de Drusus répond bien à sa reputation. Du plus bel endroit qui sert à l'occasion, de logement aux Empereurs, on decouvre toute la ville, & si on le peut dire ainsi l'horison tout entier. Les campagnes des environs n'ont rien qui borne la vüe, & la seule foiblesse de l'œil empêche qu'on ne decouvre encor plus loin. Sa hauteur se peut prouver par la profondeur de son puis: On pourroit faire une assez longue histoir du moment qu'on auroit jetté une pierre dedans jusques à ce qu'on eut entendu le bruit de sa chûte. Cét intervalle est suprenant, & je doute si ce puis de

I   Ioseph

Ioseph si celebre dans les Histoires & dans les Relations modernes, merite plus de consideration, au moins n'ay-je pas envie de l'aller mesurer pour en faire la comparaison. Ie vis chez un particulier, ces belles *figures de bronze* que le Magistrat a fait faire pour la fontaine de la grande place : Ce devroient étre des Dieux, les hómes n'en peuuent faire, mais au moins ont-ils fait des Geans. Le Neptune peze 3300. livr. c'est assez pour écraser luy seul plus de monde que tous les Geans de la fable. C'est à mon sens, un des plus beaux ouvrages du siecle.

La *Bibliotheque publique* est apres celles de l'Empereur & du Roy, la plus belle que j'aye vûe. Les manuscrits & les miniatures l'élevent sur beaucoup d'autres, & ses petits ornemens la rendét plus agreable & plus utile : Ce sont des portraits de Savans Hommes, des squelettes de beaucoup d'animaux differens, & de ces curiositez naturelles qui élevent l'esprit en méme tems qu'elles l'instruisent. Le bon Mr. Volkamer y en a mis une partie, c'est un exemple à imiter. J'appris en ce lieu l'honneur que m'avoit fait le Senat de me regaler de

quelques

quelques médailles qu'il m'avoit envoyé à Paris ; j'en ay le cœur tout glorieux & tout plein de reconnoissances,
quoy que je ne les aye pas encor receües.

L'affluence de Nuremberg a eu besoin d'étre diuisée : On a étably l'Academie à

## A L T O R F,

Où les études florissent en toute maniere : La belle Bibliotheque publique
en est le fondement, & les Professeurs en
sont les organes. Mr. *Hofman* y enseigne
la medecine avec un grand succez ; Monsieur *Vagenseil* s'exerce particulierement
sur la Langue Hebraïque & la Theologie des Iuifs. Que le grand Scaliger auroit eu de plaisir de conferer avec luy,
de tant de difficultez de leur Loy & du
Talmud qui l'inquietoient : Personne
n'en avoit tant seu depuis I. C. & depuis Scaliger je ne crois pas que personne ait poussé plus loin ces connoissances. Il ayme les médailles & les connoit,
je dois à sa courtoisie un Gordien Grec
frappé à Bysance, que je publieray en
son tems.

Trois journées au de là de Nuremberg, on trouve

# BAREIT.

C'eſt une petite ville qui avec ſon di-
ſtrict ſert d'appanage à un Prince de
la maiſon de Brandebourg. Celuy qui
en eſt aujourd'huy le Maître a épouſé
en premieres nopces la fille de l'Electeur de Saxe, & en ſeconde celle du
Duc de VVirtemberg, cette Princeſſe So-
phie ſi ſage, ſi éclairée, & ſi magnifique.
Elle eſt fort honorée de tous ceux qui
la connoiſſent, parce qu'Elle merite de
l'être, & même parce qu'Elle eſt curieuſe. Son *Cabinet* eſt comme un magaſin
du Colchonda; j'y vis de toutes ces riches pierres qu'on tire de ſes mines, &
une entre autres, plus longue & plus
large que mon œil, fort épaiſſe & par-
faittement nette. C'eſt un diamant de
conſequence par ſa beauté & par ſon
poids. Si Bareut eſt ſi riche au *Cabinet*,
il ne l'eſt pas moins à la *Cave*; j'y fus,
*Monſeigneur*, & j'aurois pû n'en pas
revenir, ſi j'avois crû ceux qui m'y con-
duiſoient. Vlyſſe n'en ſeroit peut-être
pas ſorty ſi ſobre que de chez Circé,

il

il y auroit trouvé des liqueurs de son
pays , accompagnées de tout ce qu'il y
a de delicat dans l'occident : Ces rencontres font quelquefois bien avorter
des desseins. On m'a dit que le Prince
n'épargne rien pour cette agreable pro-
vision , comme la Princesse pour son
Cabinet.

Ces douceurs & ces richesses ne re-
tardérent mon voyage qu'autant de tems
qu'il en falloit pour les voir. Ie m'a-
vançay en Saxe & vis

## IENE,

Cette Academie si florissante à qui
tous les Etudians du Septentrion viennent faire leurs premiers hommages.
On y en a comté jusques à trois mille;
il y a apparence qu'il y en auroit davantage , si la paix dont on joüit presente-
ment, écarte jusques aux soupçons de la
guerre : Il faut peu de choses pour effrayer les Muses , & j'aurois peur qu'au
premier coup de canon , elles ne quit-
tassent toutes le Parnasse. Le Prince
qui est de la maison de Saxe , la fait
agrandir , & n'oublie rien de ce qui luy
peut augmenter son ancien lustre. I'y ay

 connu

cônu deux tres-habiles Profeſſeurs, Meſ-ſieurs *Rolſinc & Boſius* : Celuy-là eſt tres renommé pour la Medecine, & celuy-cy pour l'Hiſtoire. J'apprehende pour eux qu'ils ne joüiſſent pas long-tems de leur doctrine ; l'un eſt fort vieux, & c'eſt aſſez pour étre toûjours malade, l'autre ne ſe porte gueres mieux, quoy que beaucoup plus jeune. Ce *Mr. Boſius* a des médailles conſiderables, & les connoit bien : Il m'a permis d'en tirer à la plume quelques copies qui ſeruiront quelque jour à la République des lettres : Cependant elles ornent merveilleuſement mes manuſcrits.

Trouvez bon que je Vous diſe quelque choſe de ce *Prince*. Tout jeune qu'il eſt, il eſt auſſi éclairé que les plus habiles : Il n'attend que l'occaſion de ſe faire connoître pour ce qu'il eſt. Il ayme la France & les François, & parle auſſi poliment que le beau monde de Paris & de la Cour. Madame la Ducheſſe ſa femme, eſt née Ducheſſe de la Trimoüille, & c'eſt elle apparemment qui entretient cette inclination. Que dirois-je de ſa vertu & de ſon humeur, qu'on ne connût pas en France & en Allemagne:

L'hermine que je donnay pour le type de ſon embleme en peut découvrir quelque choſe par ces paroles, CANDOR MIHI SVFFICIT VNVS.

## VVEIMAR,

Qui eſt dans le voiſinage, donne ſon nom à une branche de la maiſon de Saxe, pour la diſtinguer de l'Electoralle. C'eſt une ville médiocre, dont le Palais eſt extraordinairement grand & ſuperbe. Ce *Salon* où ſont peintes les actions du Duc Bernard, eſt le plus magnifique que j'aye vû en Allemagne. Si rien ne ſe peut faire de plus beau pour ſatisfaire les yeux ; on peut dire qu'une *autre Chambre* eſt faite pour l'eſprit, où ceux qui ſont au milieu n'entendent rien de ce que ſe diſent les perſonnes qui ſont aux extremitez. On y ſoupçonneroit de la magie, & en vérité cela eſt ſurprenant : Ce n'eſt cependant qu'un jeu de de l'Architecture qui porte le ſon de la voix par la ligne concave de la voute, à l'autre extremité, ſans l'épendre dans le grand vuide de la grand Chambre. I'eus des penſées bien plus tragiques de Iene à Leipſic, quand je fus dans ces va-

 ſtes

stes campagnes qui semblent encor fu-
mer de tant de sang qui y fut répandu
il y a quarante-ans. Que de grandes
idées se presenterent alors à mes yeux
Là fut tué, *me disoit-on*, le grand Gustave; là Papenheim fut blessé, là il mourut en le reportant à Leipsic ; là étoit
l'artillerie des Imperiaux , là celle des
Suedois : Là fut le fort du combat & le
plus grand carnage , là on enterra les
neuf ou dix mille hommes qui y reste-
rent. Toutes les villes d'alentour por-
teront long-tems les tristes témoignages de cette guerre ; Il me sembloit l'y
voir ensemble : Et *Lutzen , Nambourg,
VVeissenfeld* , occuperent plus long-tems
mon esprit que mes yeux.

Tous les Marchands savent qu'il y
a des grandes Foires à

# LEIPSIC,

Comme les Gens de Lettres sont in-
formez de son Academie: On l'est moins
de sa curiosité. I'y vis le Cabinet du
Bourg-Maistre *Laurens* , remply de toute sorte de curiositez : Sa maison est
un palais, qui vaut mieux que son Cabinet. On estime Mademoiselle sa fille
comme

comme une vertueuse par excellence qui sçait une infinité de choses, & qui les peut dire en beaucoup de Langues; c'est assez pour valoir mieux que le Cabinet & la maison. Ie vis des médailles en quelques autres endroits, & entre autres ce Cabinet si renommé de Monsieur *Meyer* : Il est à vendre, si tout ce qu'on m'en avoit dit eut été véritable, j'avois avec moy assez de ducats pour le payer. Vn de ceux qui me le montra & qui en est heritier en partie, me fit fort grise mine, lors qu'il m'entendit dire que ses médailles d'Othon en bronze n'étoient pas véritables. Il en étoit si persuadé, que peu ne s'en faluft que je ne fusse payé de mon trop de sincerité, par l'affront & la douleur que j'aurois eu de ne pas voir le reste. C'est ce qui m'a fait prendre resolution de ne guéres parler, quand je me trouveray avec des Gens de cette humeur-là, & que je ne diray des veritez de cette nature, que lors que j'en feray sorti. Ils ont une médaille de grand bronze de Iulia femme d'Augufte, qui seroit, à mon sens, la plus precieuse de ce Cabinet, si elle ne

L 5      m'étoit

m'étoit pas suspecte : Sa consecration
est designée par un paon & par l'inscription. Ils ont quelques bonnes médailles en or & en argent dont j'ay pris le
memoire, mais ils en veulent avoir huit
cent écus, & c'est trop pour moy.

## VVITTEBERG.

Est une place forte, où on ne laisse
pas d'étudier. La Theologie n'y est pas
si mitigée que dans les autres lieux du
même culte, ils y sont plus rudes, &
j'oze dire plus injurieux qu'ailleurs.
Dans l'Eglise du Château on prend
plaisir de montrer aux Etrangers le *San-*
*cta Sanctorum* du grand Autel, denué de
tout ce qu'il contenoit. *Ossa Sancto-*
*rum debent quiescere*, disent-ils, nous
avons enterré sous cette pierre prochaine, toutes les Reliques que les
Papistes y adoroient, & ce fut une des
premieres suittes de nôtre reformation.
I'y vis beaucoup de tableaux plûtot scan-
daleux qu'édifians ; un entr'autre où le
Peintre fait administrer la cene par le
Docteur M. Luther & P. Melanchton.
A leur main gauche il y a representé
l'enfer, par une grande gueule de diable,

au dedans de laquelle on aperçoit un Pape, des Cardinaux, des Prelats & des Moines. Ie ne pûs m'empêcher de demander à celuy qui me conduisoit, si c'étoit-là un lieu à prier Dieu & si ces peintures leur inspiroient de la devotion. On voit en bronze dans cette Eglise, des *statues* fort superbes, des deux Ducs Electeurs de Saxe, Frederic III. & Iean. Celuy-là avoit fondé l'université de VVitteberg, en changeant la Religion de son pays : Celuy-cy acheva l'œuvre, & presenta dans Augsbourg sa confession de foy à Charles-quint. Ie m'arestay dans ce lieu plus volontiers à deux tableaux admirables *d'Albert Durer*, & aux portraits grands comme nature de Luther & de Melanchton, de la main de *Lucas Cranis*, qui sont vis à vis & au dessus de leurs tombeaux. Il y en a quelques autres de ce même Peintre, dont il n'y en a point de si plaisant que celuy que je vis dans la principale Eglise de la ville, qui en est comme la paroisse. Il est de fort bonne main & represente Nôtre Seigneur IESVS-CHRIST, suivy de Saint Pierre & de quelques autres Apôtres, qui tombent entre les

I 6

mains

mains de Iudas & des Iuifs. V. A. S. ne s'aviſeroit jamais des ornemens qu'on leur a donnez : Celuy qui preſente la main à Noſtre Seigneur a la tiare en tête, juſtément comme on peint le Pape à Rome : Ceux qui l'accompagnent ſont vêtus en Cardinaux , Evêques , Prelats &c. Eſt-ce copier bien juſte les Iuifs qui trahirent & qui livrérent IESVS-CHRIST? c'eſt pourtant ce qu'ils veulent dire. I'ay vû ailleurs beaucoup de Luthériens, mais je les ay toûjours trouvez plus modérez. Les injures ne ſervent qu'à irriter les eſprits , la haine ſuccéde , & qu'en peut-on attendre dans la ſuite que toute ſorte de mal-heurs ? I'aime mieux dire tout bas , *Doce nos Deus vias tuas, &c.* Au reſte la mémoire du Docteur Luther eſt fort précieuſe en ce pays-là : On y vénére les lieux où il a paſſé, les chambres ou il a dormy , les livres qu'il a lû , & les jardins où il a travaillé : Ils ont même donné ſon nom à une fontaine qui eſt à mille pas de la ville, parce qu'il venoit ſouvent en ce quartier là pour y étudier , & pour conferer avec ſes Amis de la reformation qu'il méditoit.

Nous

Nous paſſames bien vîte à

# BERLIN.

Quoy qu'il y ait un aſſez grand eſpace de pays. On ſe ſert ſur cette route de
chariots de poſte qui courent jour &
nuit : On ne s'y repoſe que pour
changer de chevaux. Ie fus tout à fait
remis de cette fatigue, dez que j'eus vû
Berlin. Tout m'y parut ſi beau que je me
figurois dans le ciel une ouverture d'où
le ſoleil faiſoit ſentir ſes faveurs à ce
territoire : Ce ne ſont plus ces ſolitudes
que je venois de parcourir. La ville eſt
compoſée de trois autres, dont les bâtimens ſont tres réguliers & la pluſpart
à l'Italienne. La foreſt qui n'en eſt qu'à
cinq cent pas, ſert aux délices du
Prince qui y entretient toute ſorte de
bêtes fauves, & qui par un plaiſir dont
peu de Gens ſont capables, s'expoſe ſouvent à la chaſſe qu'il en fait. I'ay oüy
dire, qu'il ſait ſi bien prendre ſon tems
quand le ſanglier paſſe, qu'il s'y met
comme à cheval, jambe deçà jambe
delà, & qu'il le poignarde ainſi ſous
ſoy. Cette deſcription ſeulement me
fait

fait peur, & on ne peut aymer ce Prince
là comme je fais, sans craindre au moins
les malheurs qui en peuvent arriver. Ie
luy dirois volontiers ce que Venus disoit
à Adonis,

> ——— *In audaces non est audacia tuta,*
> *Neve feras quibus arma dedit natura,*
>     *lacesse;*
> *Fulmen habent acres in aduncis denti-*
>     *bus apri.*

Les jardins y sont remplis de citroniers,
d'orangiers, de jasmins, de toutes les
especes de fleurs, & en un mot de toutes
les delices qui ont acquis à l'Italie le titre de Reyne des nations, par le bon-
heur de son climat, & de sa fertilité.
   Le *château* où reside S. A. E. est fort
ancien : Son architecture n'inspire rien
que de grand : Ce qu'il y a de plus commode est de bâtiment moderne. La Bibliotheque y est si magnifiquement lo-
gée, que je n'en say pas qui le soit
mieux : Elle le merite bien, car c'est une
des plus belles de la terre, ou pour le
nombre des livres, ou pour le choix.
Le Cabinet des médailles qui l'accom-
pagne, merite la visite & l'attention de
tous ceux qui en ayment la curiosité.
                              S. A. E

S. A. E. qui se donne toute entiere aux
soins du gouvernement , n'a pas laissé
de donner encor du tems à cét établissement. On auroit peine à croire les progrez qu'Elle y a faite de ses seules terres , vers Vesel , Santen & Cleves : On
y en a trouvé grande quantité , mais ce
qui est de plus important , est qu'on y
en a trouvé de tres-rares : Celle de Cor-
nuficius est de ce nombre , dont je n'ay
jamais vû de plus belle ; mais je ne pre-
tens rien particularizer icy : I'ay des mémoires de ce qui est precieux , & mon
mémoire par bon - heur est bien long.
I'ay desseigné même celles que j'ay jugé
singuliéres : Le nombre en étoit si grand
que je demanday un autre jour la permission d'y travailler. Ie me souviens d'y
avoir employé cette seconde fois cinq
ou six heures , & d'en avoir fort entrichy
mes manuscrits : Quand je n'en aurois
remarqué que la dixiéme partie, j'aurois
crû mon voyage bien employé. Mr.
*Heimbach* en a le soin & les ayme d'affection : Ie ne doute pas qu'il ne contribue de tout son pouvoir à la satisfaction qu'en desire Mr. l'Electeur son
Maître. Ce Prince en est autant curieux

qu'on

qu'on le peut eſtre ; c'eſt une ſuitte de la
conoiſſance qu'il a des belles choſes,
& de la grandeur de ſon génie. Il me
fit l'honneur de me dire qu'il s'y entretenoit fort agréablement , & qu'il y
employeroit encor plus de tems , dez
que les affaires d'état luy en laiſſe-
roient le loiſir. C'étoit un tems fâ-
cheux pour nos études , *Monſeigneur;*
On ne parloit alors dans Berlin & dans
toute la Marche , que de paſſage & de
levées de gens de guerre. C'eſtoit dans
cette conjonⅽture où toute l'Europe
avoit les yeux ſur la conduitte de S. A. E.
On ſavoit que les Hollandois n'eſpe-
roient ny de plus fort ny de plus prompt
protecteur , & que le ſecours qu'il leur
donnoit étoit ſeul capable d'empêcher,
ou au moins de différer leur perte. Ses
actions paſſées Luy ont acquis tant de
reputation en Pologne & en Suede, que
Son nom ſeul appuye le party qu'il em-
braſſe ; Auſſi eſt-ce un Prince d'un genie
admirable. Ie n'ay jamais vû perſonne
qui ne l'aimât, pour moy je l'honore de
tout mon cœur ; mais encor doiſ-je dire à V. A. S. que j'y ſuis obligé par l'accueil qu'il me fit à Berlin , par les offres
dont

dont il m’honora , & par la bonté qu’il
eut de me dire qu’il vouloit entretenir
correſpondance avec moy : Que ce mot
ne Vous face point de peine , *Monſei-*
*gneur*, S. A. E. neme l’a demandée qu’en
curioſité, en hiſtoire antique, & en médailles , & je ſerois tres-fâché que mes
ennemis m’en fiſſent de nouvelles affaires : Dieu , le Roy & le tems me feront
raiſon des paſſées , ils le pouroient faire
dez-aujourd’huy , mais c’eſt à moy d’attendre. S. A. E. a dans Berlin une autre
perſonne auſſi éclairée dans la curioſité
que j’en conoiſſe, j’entens celle des médailles que nous appelons par excellence
la belle curioſité : C’eſt un Conſeiller de
ſon S. A. E. qui en poſſede autant qu’un
Particulier en peut poſſeder : Il en a de
ſi bien conſervées , qu’on voit aſſez que
c’eſt une élite de longue-main. Ie l’ay
conû en France il y a plus de vint ans,
& tout jeune qu’il étoit , j’en preſumois
déja de grandes choſes. Ses conoiſ-
ſances ſe font accreües avec l’âge , & je
doute ſi , en ne parlant pas de moy ,
il y a quelqu’un qui aime plus les médailles que luy. Il a paſſé quelques années en Italie , il a vû toute l’Allemagne, & ce qu’il ſait , me fait croire qu’il

à vû tout ce qu'il faloit voir pour être curieux, savant & intelligent. Ie peux assurer **V. A. S.** que c'est un des plus honêtes hommes du monde, & je croirois avoir fait tort à nôtre *Monsieur Seidel* de ne Vous avoir pas fait cette parenthese en sa faveur. Ie say qu'il est Luthérien & Luthérien zelé, mais l'amitié qui est entre nous, & la conformité de nos inclinations, n'a pas souffert la moindre alteration de la diversité de nos sentimens.

Les deux jeunes Princes seront quelque jour de grands Curieux, *Monseigneur* : On les forme sur le Heros qu'ils voyent tous les jours. **S. A. E.** leur est un modéle familier dont ils ne peuvent tirer que de tres grandes idées. Ils savent déja les langues, & sont fort adroits dans tous les exercices. Ils ne sont pas moins instruits, dans ce qui peut cultiver leur esprit. Leurs chambres sont moins ornées que chargées de livres, de cartes géographiques, de tables chronologiques, de sphéres & de médailles. Ce sont des instrumens qui font enfin des miracles, en entretenant innocemment la grandeur de l'ame dans le tems de la prosperité , & qui luy servent de médecine & de consolation dans le tems de malheur. C'est une régle des Sages, comme Vous savez , *Monseigneur* , d'é-tre prest à tout evenement , Annibal s'en trouva bien. Il y a apparence que ces Princes ne verront jamais la fortune que riante & incapable de leur nuire, mais c'est beaucoup par dessus d'avoir la Vertu pour amie & pour familiére. Monsieur le Baron *de Sverin* premier Ministre d'état , & grand Patron des Muses , leur a inspiré de ces beaux sen-timens , & a rendu un grand service à S. A. E. d'avoir si bien tourné l'esprit de ces deux jeunes Princes, & d'avoir heu-reusement suivi la pensée d'*Aurelius Vi-ctor* , *Compertum est eruditionem, elegan-tiam , comitatem , præsertim Principi-bus necessarias esse , cùm sine his natura bona quasi incompta aut etiam horrida despectui sint.*

De la Marche de Brandebourg, je vins en Saxe , où le climat est asseurément plus doux , & par conséquent les ter-res plus fertiles. Ie n'ay jamais vû de plus beau jardin que celuy que S. A. E. a fait dresser dans les fauxbourgs de

DRES

# DRESDE.

I'y vis la Princeſſe Royale de Dannemarc, mariée à Monſieur le Prince Electoral, qui aime ce dit-on cette promenade plus que tous les autres paſſe-tems.
Le vin du voiſinage eſt tres delicat : les
biéres qu'on y fait ſont auſſi friandes
qu'en aucun endroit d'Allemagne. Il y
a du gibier plus qu'en lieu du monde,
ce qui fait faire bonne chére par tout.
I'ay l'obligation au Docteur *Schubart*
chez qui je demeurois, de me l'avoir toûjours faite & de m'avoir fait voir dans
*Dreſde* ce qu'il y avoit de plus conſidérable. Ie voudrois n'en pas parler, parce qu'il me ſemble qu'on ſait la plus
grande partie des choſes que j'en voudrois dire, & que je n'en pourois pas
dire aſſez. Elle eſt belle, elle eſt forte,
elle eſt riche, elle s'embellit, ſe forti-
fie & s'enrichit tous les jours. I'en li-
ſois depuis peu quelque déſcription
dans l'Europe vivante, mais je n'aime
pas à repeter. Le *Palais* contient une
infinité de merveilles, dont on a imprimé le catalogue, mais encor n'y ſont-elles pas toutes. Sept grandes chambres
ſont

sont remplies des plus riches bijoux que
V. A. S. se puisse imaginer, une infinité
de vaisseaux de crystal de roche, de corail, & de pierres precieuses. Des tableaux
d'Albert Durer, de Titien, de Lucas de
Leyde, de Lucas Cranis, de Rubens, &
de quantité d'autres Maîtres excellens.
I'y vis de la main de ce premier la vie de
la Vierge en sept pieces, qui a esté gravée en bois. Il y a un grand morceau de
la vraye croix.

On y void avec plaisir des ouvrages
de plusieurs Princes : cela est superbe,
*Monseigneur*, de voir ce que l'art peut
produire quand il est exercé par de si
nobles mains. Il y a plus d'automates
qu'en lieu du monde, de grandes, de riches, & de surprenantes. Ie m'y aréterois
plus lon-tems, n'étoit que mon esprit
me porte aux médailles que j'y vis. Monsieur *Beutel* qui en a le soin, s'y veut
appliquer doresnavant : Il y trouvera de
l'employ dans le dechiffrement de quantité de rares qui y sont, & dans l'ordre qu'il leur faut donner. Ie ne pûs
voir un petit coffret d'antiques d'or,
parce qu'il est dans le cabinet secret
de S. A. E. qu'Elle estoit absente

de

de Dreſde , & qu'Elle n'y vint dans
tems que j'y étois que pour y paſſer un
nuit. On en fait une grande eſtime , &
il y a apparence que je l'aurois auſſi fa
te, ſi je l'avois vû. Il n'a pas tenu à Me
ſieurs les Barons *de Friẑen* qui y ſon
dans les premiers emplois , auſſi bie
que du premier merite; mais comme j'a
déja dit , l'abſence du Prince me priv
de la ſatisfaction que j'en aurois eüe
I'y retourneray une autre fois tout ex
prez , & l'amour que j'ay pour les mé
dailles eſt aſſez grand pour me reſou
à ce voyage , où je ne conſidere ny
tems ny la dépence , lors que j'enrich
mon eſprit de nouvelles découvertes
I'auray vû alors les Cabinets des cin
Cours Electoralles ſeculieres , & peut
étre que perſonne ne ſait ſi bien qu
moy les merveilles qui y ſont en c
genre.

Seroit-ce un divertiſſiment pour vous
*Monſeigneur*, que de vous entretenir
la beauté d'une *Apothiquairerie* ?
cas, celle de Dreſde peut-étre
te. V. A. S. jugera par quatre mille
tes d'argent, de la diverſité des remé
dont elles ſont remplies : C'eſt là où o
                              trouv

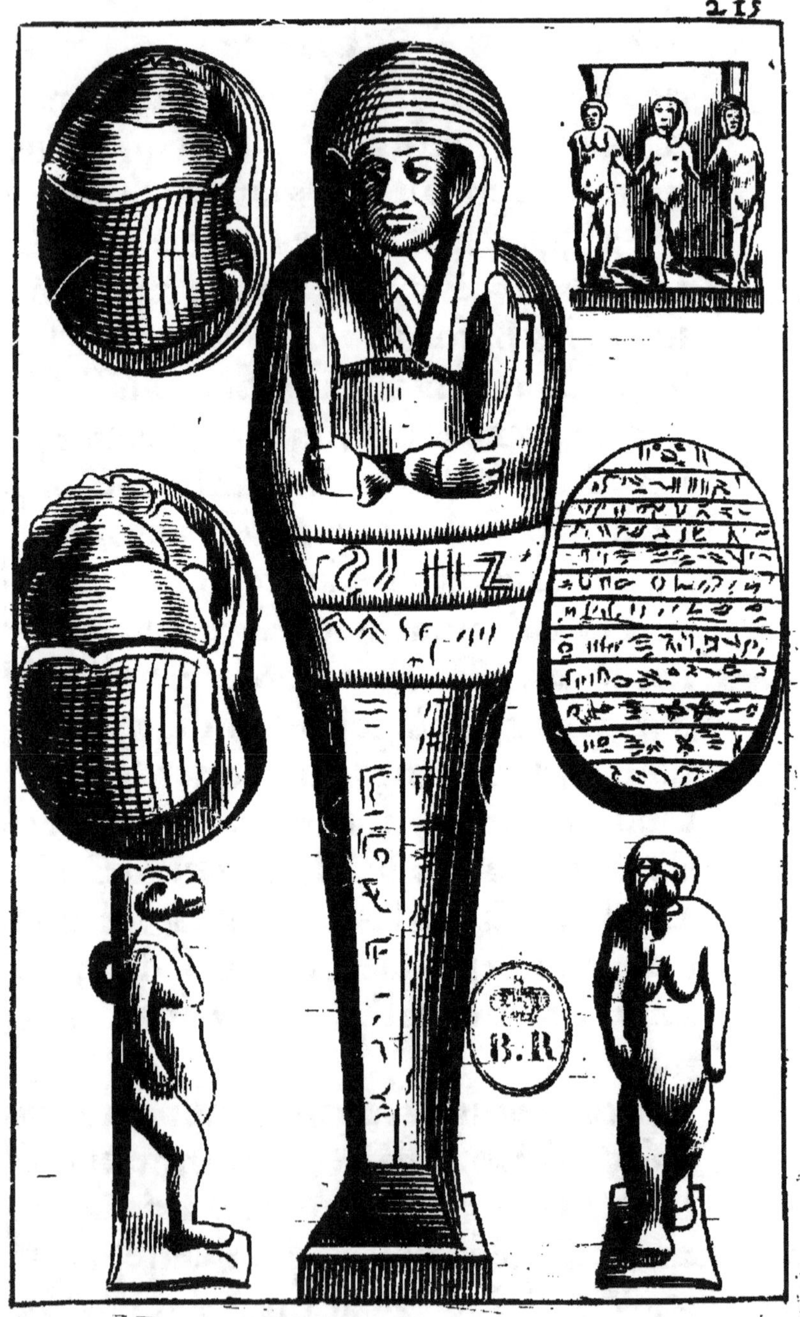

trouve presque autant de moyens de rétablir l'homme qu'il y en a ailleurs pour
le faire mourir. Ils y ont quelques médicamens tres renommez : I'y goûtay de
cette eau de vie qui n'est pas moins célé-
bre par son excellence que brillante par
ses papillotes d'or: S. A. E. qui en honore
la dispensation de sa presence suffit à son
éloge. On conserve dans ce même lieu
des Mumies de toutes sortes ; C'est une
curiosité qui n'est gueres utile , mais
elle a pourtant sa beauté. Il y en a des
blanches & des noires : Celles-cy sont
d'ordinaire embaumées, entourées de
bandelettes, & remplies d'idoles, de petits animaux & d'autres bijoux superstitieux. On m'a fait present ailleurs de
quelques curiositez de cette espéce, qui
ont esté déterrées depuis peu d'une py-
ramide d'Egypte : Peut-être que la re-
presentation en donnera quelque divertissement à V. A. S. je l'ay fait faire en
racourcy ; si les originaux Luy en plai-
sent , je tiendray à beaucoup d'honneur la grace qu'Elle me fera de les ac-
cepter.

C'est un spectacle assez singulier que
de voir le cabinet des squelettes. On l'a
pris

pris plaisir d'en faire là , de toute sorte
d'animaux , & on les y conserve avec
grand soin : C'est leur procurer un espece d'immortalité. On y a joint beaucoup d'autres especes de curiosité : Ie
me souviens entre-autres d'un prodige,
C'est un Elephant naturel , long environ d'un pied , qu'on asseure étre le fœtus d'une femme. Qu'on en recherche
la cause dans les effets d'une imagination depravée , ou dans le crime qu'il
vaut mieux celer que soupçonner, elle est
toûjours , ce semble , au dessus de la
nature : Pline en raporte un exemple
pareil en ces termes , *Alcippe Elephan-*
*tum peperit , quod inter ostenta est.*

Pour de differens animaux vivans , je
n'en ay jamais tant vû , & j'aurois peine
à croire qu'il y en eut tant ailleurs: L'A-
frique n'a peut- étre pas tant de mon-
stres. Monsieur l'Electeur qui se plaît
à cette curiosité , en a fait venir d'O-
rient & d'Occident , mais le plus grand
nombre vient de ses terres. Il n'y a pas
de plus belles chasses au monde , on y
massacre quelquefois en un jour jusques
à mille sangliers. Aussi S. A. E. y prend
Elle un plaisir singulier , & y fait plus
de

*Vvestmunster* est à côté. C'est cette Eglise qu'on croit la plus spacieuse du monde: on y voit les monumens où reposent les Roys & les Reynes d'Angleterre, entre lesquels il y en a de tres superbes. Leur recoynoissance y est pompeusement consacrée sur les tombeaux de leurs Ministres, Cecil, Bouckinquam & Monck. Celuy-cy a esté la creature la plus utile du Prince dans les affaires de son rétablissement. Cromvel y avoit sa sepulture dans une chapelle qu'on a depoüillée & comme dégradée ; c'est la marque de sa profanation & de l'infamie de son dépôt.

I'ay la mémoire pleine d'une infinité d'autres choses , ou que je ne crois pas dignes du goût de V. A. S. ou que je ne crois dignes que d'Elle. Il faut passer au cabinet du Roy , où j'ay vû tout ce que peuvent assembler de beautez la puissance & la delicatesse de tant de Rois. Et pour dire auparauant un petit mot de *Vvithal*, ce palais n'a pas ces grands ordres ny ces autres ornemens de l'architecture , mais les richesses & les piéces precieuses qui le meublent, son étendue, le nombre de ses apparte-

 mens

mens & son parc de Saint Gemes, qui découvre un espace à perte de veüe, embelly de bouquets, de canaux & d'une abondance de bêtes fauves & d'oyseaux les plus rares, le rendent tout charmant & tout Royal. Dans l'antichambre du Roy, il y a sur le pignon de la croisée de la main d'Holbein, le portrait d'Henry VIII. & des Princes ses enfans, dont le Roy a fait tirer une excellente copie, pour en étendre la posterité, s'il faut ainsi dire, & n'abandonner pas une si belle chose à la fortune des tems.

On entre en suitte dans une gallerie suiuie de quatre ou cinq chambres qui continuent son plein pied, où l'on peut voir ce que l'Italie a produit de plus beau dans tous les âges de la peinture. Ce sont comme des espéces de preparations qui éleuent l'imagination pour joüir plus finement de la vüe du *cabinet.*

I'y rencontray d'abord Erasme, c'est luy mesme, *Monseigneur*, on préteroit l'oreille pour l'écouter, on y voit mieux son esprit que dans ses livres. Froben est auprès de luy, tous deu

d

de la main d'Holbein leur bon amy.

Van-Deik y a ſes plus beaux ou-vrages : On demeure d'accord qu'il ne faloit qu'un peu plus de vie à ce Peintre pour l'emporter ſur tous ceux qui l'avoient précedé. I'y vis à mon aiſe de ces miniatures dont on parle par tout & qu'on ne voit preſque nulle part , je veux dire celles d'O-livier. Il faut être Curieux pour ſa-voir aimer ce qu'il a fait. Il y a des Raphaels , des Titiens , des Cara-taches , des Veronezes , des Core-ges , & de toutes les autres manie-res qui ont leur reputation. Il fau-droit des années pour y donner ſes yeux à tout ce qui le merite.

Pour les *Médailles* qui ſont mon affaire plus que le reſte , elles ſont là fort curieuſes & fort bien choiſies. Il y en a d'or, il y en a d'argent. Les Con-ſulaires & les Imperiales ſont à part. Il ſeroit difficile d'en trouver une ſeule parmy ce grand nombre , qui ne mé-ritaſt pas l'eſtime du Prince qui les poſ-ſede. On ne me montra pas celles de bronze , l'Officier qui avoit ordre de

me conduire par tout , s'en excusa fur
la conjonéture du tems qui le preffoit,
& fur la confufion où elles eftoient. Il
feroit à fouhaiter que le Roy qui fait
fi bien juger de toutes chofes , fit le
mefme choix que l'Empereur , & qu'il
voulut fe fervir de moy pour les rétablir dans l'ordre. J'aurois l'avantage pour
la feconde fois d'expofer en fon veritable jour le talent que la nature & les
applications de vingt années m'ont
donné , & la gloire d'étre utile à un
des plus grands princes du monde. C'eft
bien de luy , *Monfeigneur* , qu'on pourroit dire que l'hiftoire eft le panegyri-
que , & que fon éloge fe peut faire par
la verité même. On ne porra jamais une
couronne avec plus de titres. La naiffance luy a donné , la conquête luy a
rendu , & fa fageffe feule fi haute &
fi éclairée luy conferve. Il n'y avoit que
luy qui pût gagner des peuples rebelles
victorieux , abatre une tyrannie fi tran-
quillement établie : Au moins tant de
fiécles ne nous en ont pas encor four-
ny l'exemple. Cette vertu qu'on admire aujourd'huy fur le trône , a charmé

mé toute l'Europe , lors même qu'elle
a été depoüillée de la Majesté ; aussi
n'emprunte - t'elle rien de ce superbe
charactére qui fait de grands Rois des
personnes les plus communes. On sait
qu'elle a redonné les sentimens de l'o-
beïssance à une nation lassée de la royau-
té , & qui dans son degoût & ses in-
dispositions ne pouvoit se soumettre à
ce sage & cet illustre Roy. Toutes ces
grandes choses se lisent dans son air , où
la fierté & la douceur attirent également
le respect & l'amour. Je l'ay vû & l'ay vû
seul , je peux dire que dans ce moment
glorieux , j'apperçeus le Héros avant
le Monarque. Il est bien rare , *Monsei-*
*gneur* , que la couronne soit le moindre ornement du Prince , & que le
merite de sa personne jette plus de lu-
mieres que l'éclat de la majesté qui
l'environne. Mais il faut laisser le travail de cette grande idée aux premiéres
plumes du monde.

I'eus aussi l'honneur d'approcher
*Monsieur le Prince Robert* , de qui je
receus ces sortes de bontez qui laissent
aux gens la derniére veneration &

les derniéres reconnoissances. Il n'y a
rien ce me semble qui puisse mieux
marquer son mérite que la confiden-
ce dont le Roy l'honore : Elle s'é-
tend non seulement sur toutes les affaires d'Etat , mais mêmes sur celles
du cœur les plus particuliéres & les
plus intimes. Il partage cette faveur
à tous les honnêtes gens qui en ont
besoin , ausquels elle est bien plus utile
qu'à luy-même. Enfin il ne manque
rien à cét aymable Prince ; il est grand
Capitaine , grand Ministre , & le plus
sage de tous les Courtisans.

　l'en demeureray à ces deux illustres
reflexions : Quelque abondance de choses qui me reste à dire de cette grande ville , je dois me souvenir que je
parle à V. A. S. Elle connoit trop bien
l'Europe,& sait plus justement par le secours seul de l'Histoire, les particularitez qu'Elle lira dans ma lettre , que
moy-même qui les ay vûes avec les
dernieres recherches. Aussi est-ce moins
un present que je luy fais du mien , que
ses propres connoissances que j'étalle
& que je rapelle en sa memoire : C'est
tout

tout ce qu'on peut faire à un Prince qui
n'ignore rien, & ce que j'ay ozé entreprendre pour marquer publiquement
que je suis,

*Monseigneur,*

## De Vôtre Altesse Sereniſſime,

De Strasbourg, en
Octobre 1671.

*Le tres-humble & tres*
*obeïſſant ſerviteur*

## CHARLES PATIN.

 QVATRIE

# QVATRIE'ME RELATION,

*A Son Altesse Serenissime,*

*Monseigneur*

# ANTOINE VLRIC,

Duc de Bronzoüic, de
Lunebourg, &c.

MONSEIGNEVR,

Il m'est bien glorieux que Vôtre
Altesse Serenissime se souvienne de moy
&

& qu'Elle s'en souvienne avec des marques de sa magnificence ; qu'Elle me
préuienne , qu'Elle me remplisse les
mains & qu'Elle donne à la seule opinion qu'Elle a conceüe de moy , ce qui
seruiroit de recompense à un merite extraordinaire & à des seruices considérables. I'en suis surpris je l'avoüe , &
n'ozant examiner son discernement ,
je me vois contraint de mieux penser
de moy même , quelque vanité qu'il
y ait. Et en verité, *Monseigneur* , c'est
avoir quelque chose de ce goût exquis,
que de savoir Vous estimer comme je
fais. L'éclat de la grandeur jette de l'é-
bloüissement dans les ames communes,
mais il ne donne pas toûjou    de l'admiration à des yeux bien ouverts. Cette pompeuse naissance , ce rang illustre
que V. A. S. tient dans l'Empire, ne font
point mon attention ; tant de vertus,
tant de charactéres divins arétent seuls
ma veüe sur Vous. Et cette vüe, *Monseigneur*, toûjours attachée à ce que l'antiquité a de plus heroïque , ne se lasse
point de Vous considérer. Oserois-je le
dire , je vois plus que je n'ay lû ; je ne
m'explique pas d'avantage.

H 5      Vous

Vous aimez la curiosité , *Monsei-gneur* : Que le destin en est doux , & que le penchant en est heureux ; qu'un Prince s'y délasse agréablement , & que cet intervalle qu'il se ménage parmy les grandes affaires remet son esprit & redouble sa vigueur. Il le divertit sans l'a-muser, il l'occupe sans l'attacher, il le retient dans l'élevation sans inquietude & dans l'activité sans fatigue. La curiosité est la seconde occupation du Heros, mais particuliérement celle des Médailles. Ces piéces immortelles , ces petits aziles de la mémoire des Grans-hommes , ces dépôts sacrez de la vertu & de la gloire, nous découvrent les plus beaux endroits de l'antiquité , & nous les découvrent au naturel. On voit ce qu'on y voit , dans tout son air & dans tout son esprit. Ce n'est que du metal , mais il est animé d'une vie secrette qui ne vient point de l'ouvrier : Elle vient de je ne say quelle force qui se communique des grands originaux à leur images : Ce n'est pas la chose , mais son ame, ce n'est pas l'homme mais le Demy-Dieu. Quel plaisir, *Monseigneur*, de Vous mésurer à ces grands exemples qui semblent en-

cor

cor respirer sur leurs copies , de juger
d'eux par Vous , & de remarquer en
eux ce que Vous sentez en Vous même:
de reconoitre à la vüe, que tous les siecles ont leurs Heros : & que si les uns
ont fait plus de bruit que les autres,
c'est que les occasions ont été plus grandes,& non pas les vertus.

L'histoire nous expose les choses
passées , elle nous donne le detail des
tems, mais la verité, le fin, le point delicat y manque souvent, ou l'expression
qu'elle en fait n'instruit pas assez pour
n'avoir ny le relief ny la nature comme
la médaille. Ce n'est pas icy le lieu de
dire tout ce que nous en savons : l'a-
voüe seulement , *Monseigneur* , que je
n'ay pas trouvé de Curieux ailleurs
comme en Allemagne. Cette partie
de l'Europe qui a peuplé toutes les autres,a conservé chez elle ce qu'il y avoit
de meilleur ; On pourroit dire que tout
le reste n'en est que le rebut , & dans la
comparaison, nous trouverons toûjours
des grandes inégalitez. Il est vray qu'il
y a des peuples plus façonnez , qui
parent mieux leurs maniéres , & qui
l'emporteroient si on ne les voyoit

H 6

qu'une

qu’une fois ou deux : Il semble que leur
régularité étudiée ne serve qu’à en couvrir les défauts. Et peut- estre que V. A. S.
aura déja fait cette reflexion , que là
même où il n’y a point d’esprit , on ne
laisse pas d’y trouver un air , une étude
d’apparence qui ébloüit , au moins l’ay-
je souvent remarqué en France ? Quand
même on n’y trouve point d’honneur
n’y d’honnesteté , on y trouve un soin,
un accommodement de conduitte , un
certain nombre de mesures qui suppléent
& qui contentent , mais qui ne sont rien
moins que la vertu. Les Allemans,
*Monseigneur*, sont plus solides , ils ont
naturellement beaucoup de fonds , ils
sont ce qu’ils paroissent , mais comme
ils ne paroissent pas d’abord tout ce
qu’ils sont , il faut ou beaucoup d’intelligence ou de l’application , pour con-
noistre ce qu’ils ont de mérite. C’est
particuliérement chez eux que la bonté & la beauté de l’esprit sont dans leur
pureté naturelle , que la morale est toute nüe, sans fard, sans déguisement, et
par tout un charactére d’ame tout à dé-
couvert , qui ne peut souffrir l’affecta-
tion. Ils veulent bien faire ce qu’ils

font,

font., sans se mettre en peine des agréemens & des belles maniéres ; Vous savez quand ils Vous aiment & quand ils
ne Vous aiment pas ; Et pour me servir
des termes d'un de nos Ministres, le
cœur n'y est pas masqué, la sincerité &
la candeur font du crû du pays. Tacite
l'avoit dit, il y a seize cent ans, *nullos
mortalium armis aut fide ante Germanos
esse.*

Que la curiosité soit commune chez
eux par cette inclination naturelle qu'ils
ont pour la verité qui s'y découvre comme dans sa source, ou par cette séverité
de mœurs qui de tous les divertissemens de l'esprit leur fait choisir le plus
honeste & le plus utile, il n'importe,
c'est en verité où elle est & plus honorée
& mieux recherchée. Ie l'ay trouvée
par tout sur cette disposition. Voicy
quelques découvertes que j'y ay faites
dans mon dernier voyage que la reconnoissance m'oblige de consacrer à
V. A. S. n'étant pas en estat de faire rien
aujourd'uy de plus important pour
Elle.

Ie le commençay dans la Suaube par
le *Kaiebis.* Qu'elle montagne, *Monsei-*
*gneur !*

gneur ! sa hauteur qui laisse la nuée bien au dessous d'elle & qui me mit presque de plein-pied dans le ciel, me surprit moins que deux saisons que j'y vis en même tems, & à quatre pas l'une de l'autre : Le froid & le chaud de concert ensemble, qui par tout ailleurs font tant de bruit sur nos têtes, c'est qu'ils ne peuvent s'accorder en pays neutre, dit-on : Mais quoy que voisins, quand chacun est chez soy, rien n'est plus tranquille & plus calme. Si cette physique est juste, je m'en raporte, toûjours je me souviens bien que sans faire tant de fracas, ils m'ont gelé & rosti d'un moment à l'autre.

Je laissay bientôt là le prodige pour descendre dans le *VVirtemberg* : Ses collines me parurent les plus belles & les plus charmantes du monde, ce n'est par tout que vignobles & que moissons. Cette abondance par je ne sçay quelle disposition que le pays luy donne, forme par tout de la vûe, du paysage & une espece de regularité qui ravit. Les habitans y sont aymables, peut-être parce qu'ils y sont accommodez. La bonne fortune qui nous previent chez

nous,

nous, tourne aſſez nos ſentimens à l'ho-
nêteté ; mais il doivent à leur Prince
une partie de ce bonheur domeſtique.
On ne ſauroit jetter la vûe ſur eux ſans
y voir par tout les marques de la douceur de ſon gouvernement. La puiſſance & l'autorité n'y paroiſſent que dans
la protection & dans l'ordre : C'eſt là
tout l'uſage qui s'y fait de la ſouveraine-
té. Ie crois qu'il n'en faut pas davantage pour éterniſer ſa memoire. Qu'il
eſt difficile d'uſer ſi modeſtement du
pouvoir abſolu , & qu'il faut de fermeté & de grandeur & d'ame , *Monſeigneur* , pour ne vouloir rien quand
on peut tout , & pour ſoutenir tant de
vertus parmy tous les mauvais exemples du ſiécle ! I'en demeureray là ſans
porter plus loin ma reflexion , je la trouve trop importante. Les ſingularités du
College de

## TVBINGVE

Sont plus de ma portée , j'en veus
parler à V. A. S. C'eſt un des ornemens
du VVirtemberg. Tout y a du raport
avec le nom d'Illuſtre qu'il porte, le ba-
timent, les accompagnemens, les dehors.
Tout

Tout y a du grand ; beaucoup d'étendue
& bien partagée , pour feruir de carriére à toutes les maniéres d'écoles &
d'exercices. Il y a des Maîtres choifis
qui ont avec beaucoup de capacité tout
ce qu'on peut avoir de politeffe & de
bon air. On trouve à fe former aupres
d'eux , comme à devenir favans. La table y a jufques aux délicateffes : L'ordre & la difpenfation du tems font fi
bien ménagez , que cette jufte diftribu-
tion d'heures à chaque chofe, forme
une douce habitude qui y dreffe les inclinations : C'eft moins une difcipline
qu'une liberté bien ordonnée. Comme
tout y eft étably fur un grand deffein,
il n'y a auffi que les perfonnes de la premiére naiffance qui y foient receües. On
n'y veut point de mélange : On prétend qu'à cét âge fufceptible , l'air me-
diocre feroit contagieux , & que cette diftinction qu'on leur infpire de bon-
heure , leur fait prendre dans la fuite
cette fierté qui doit être le charactére
de leur cödition. Enfin, *Monfeigneur*, fans
paffer dans la pouffiére & parmy la foule , ils fe trouvent tout faits , & vont de
même pied à la Cour & au grand monde

de , fans avoir befoin de milieu ny des dernieres écoles. Monfieur de *Merlay* qui en eft le grand Gouverneur, & Meffieurs du *May* & *Cramer* qui y profeffent , font encor honneur au College. J'auray toute ma vie obligation à S. A. S. Monfeigneur le Duc de VVirtemberg, d'avoir voulu que j'y demeuraffe quelque tems , & que j'y viffe à loifir cette belle maniére d'inftitution.

Au fortir de Tubinge j'allay à

## STVGARD.

Y rendre à S. A. S. ce que je luy devois , & l'affeurer que quoy que je puffe faire pour fon fervice , je n'aurois jamais lieu d'en être fatisfait; Ce peut être l'effet de ma mauvaife fortune , mais ce ne le fera jamais de mon ingratitude. Elle me permit d'augmenter fon trefor de Médailles , de quelques unes , que j'avois portées: Le beau lieu qu'elles occupent & la belle compagnie où elles font, ne leur fait point regreter leur premier Maître ; Auffi fuis-je plus ayfe de les voir dans de fi illuftres mains, qu'entre les miénnes. S. A. S. les vifite fouvent,& je ne doute pas que fon exemple

n'entraîne

n'entraîne pour ainfi dire , l'inclination
de la plupart de Sa Sereniſſime famille.
Meſſeigneurs les Princes ſes fils ſont
tous bienfaits & ont beaucoup d'eſprit.
Il ne leur manque que du tems , c'eſt à
dire de l'âge , pour ſe faire admirer de
toute l'Europe.    Ie vis à

## NIEVSTAT

Vn autre cabinet ; j'aurois mauvaiſe
grace de le loüer puiſque c'eſt preſque
l'ouvrage de mes mains , au moins l'eſt-
il de mon eſprit. S. A. S. le Duc Frederic l'aime preſque autant qu'il le merite,
& s'y divertit avec plaiſir.  On m'a dit
que Madame la Ducheſſe void de bon
œil ceux qui l'entretiennent en cette belle humeur & qu'elle agrée mes viſites.
Peut-eſtre même qu'Elle eſt curieuſe, &
qu'étant ſœur de V. A. S. Elle a l'eſprit
tourné aux belles choſes. Si Elle ne l'eſt
pas en médailles, au moins l'eſt-Elle en
bijoux. I'en vis chez elle un précieux
coffret qui peze plus que moy , où il
n'y a que des diamans, des émeraudes, &
des perles. C'eſt là une eſpéce de curioſité
aſſez rare , mais elle n'eſt pas permiſe à
tout

tout le monde. Quoy qu'elle plaise uni-
verſellement & que les ignorans l'admi-
tent auſſi bien que les ſavans, il faut de
grands priviléges pour l'avoir : Il n'en
manque point icy, la naiſſance, l'inclination la curioſité, la richeſſe, & même
du bonheur. J'aurois vû à

## ANSPACH

De belles choſes : mais par mal-heur
pour moy le Prince étoit allé rendre
viſite à cette belle Marquiſe de Durlach qu'il a épouſé depuis. J'en arrivay
plûtôt à

## NVREMBERG,

Cette ville qui a tant de reputation,
& qui en merite tant. Laquelle preferé-
riez Vous de Nuremberg ou d'Ausbourg, *Monſeigneur* ? toutes les deux
l'emportent ſur les autres villes d'Allemagne, par la beauté, la grandeur, la
propreté, l'affluence du peuple & la magnificence des bâtimens. Monſeigneur
le Marquis de Dourlach qui les conoît
toutes deux, trouve Ausbourg plus belle en quelques endroits, mais il dit que
Nurem

Nuremberg est belle par tout. Ie la trouvai bien située , pleine d'honnêtes gens,
& ce qui m'y plait d'avantage , c'est que
la curiosité y est à la mode, elle y tient
lieu de propreté & d'ajustement , on l'y
connoit assez , mais on l'y aime infiniment.  I'y vis chez Monsieur *de Viatis*
une infinité de choses rares : Il y a tout
ce qui peut entrer dans le goût curieux,
des livres , des tableaux , des médailles:
Mais son feu , sa passion , sa folie, si
vous voulez , c'est un amas surprenant
d'armes extraordinaires ou par l'ouvrage ou par quelque circonstance histo-
rique.  Il me montra l'épée qui fit taire
Olden Barneveld , & qui fit en cela plus
que toute la puissance de la maison d'Austriche : Et en verité sa veüe seule est
bien capable d'effrayer l'Orateur le plus
asseuré : Celle qui coupa tant de têtes à
Prague lors de la rebellió:La pertuisane
qui perça Valstein à Egre : Elle arresta
mes yeux & me fit donner quelque ré-
flexions à la destinée de ce Favory:Tant
d'établissemens de grandeur , tant d'authorité, tant de force , coutérent bien
peu à dissiper : toute la terre étoit atten-
tive à ce qu'il alloit faire , l'Empire
                                   trem-

trembloit de ses démarches, & les Etrangers se disposoient à fonder sur luy le
dessein de toutes les affaires ; enfin on
se preparoit à voir bientôt changer la face du monde, le coup d'un faquin le
jetta sur le carreau & on ne parla plus de
luy.

On y voit aussi les armes des plus
grands Princes de ces derniers siecles. Ie
ne say si c'estoit un jeu de mon imagination, mais il me sembloit, *Monseigneur*, que ce brillant qui en sort de
tous côtez, étoit moins l'éclat du metail que l'impression de tant de coups
& d'executions héroïques. Et en verité il n'y a rien qui touche plus vivement
l'idée que ces sortes d'objets : Peut-
estre que la difficulté qu'il y a d'assembler ces dépoüilles precieuses, empêche que la curiosité n'en soit si commune.

Pour des médailles on n'y en trouve pas beaucoup de la prémiere importance. Des autres il y en a presque
par tout, & dans les mains de toutes
sortes de personnes, soit que l'esprit
de la Curiosité en ait fait l'amas, soit
que l'opulence qui en entraine toûjours
avec

avec elle ce qu’il y a de precieux les y
ait apportées. Monsieur *Volkamer* en eſt
mieux partagé que les autres , V.A.S.
en jugera par cet échantillon , c’eſt un
Iules d’or avec le revers d’Auguſte:
Ie le tiens de ſa liberalité. C’eſt un Medecin tres éclairé , & qui a toutes ces
qualitez qui attirent la belle eſtime. I’y
peux joindre Monſieur , *Noberlein* , un
Apoticaire hors du commun : il a une
bibliothéque , un cabinet , & un eſprit
qui l’élevent à mon ſens ſur tous ceux
que je conois de la même profeſſion. I’eus
de luy cette belle médaille d’or de Conſtantin , VICTOR OMNIVM GENTIVM.

Il y a des ſavans : l’antiquité, l’hiſtoire , la politique , l’éloquence & les me-
chaniques même y floriſſent. I’aurois à
entretenir long-tems V. A. S. ſi je voulois me ſouvenir icy de tout ce qu’il y
auroit à dire ſur ce ſujet. Vn mot ſeulement d’un Monſieur *Grundler*: C’eſt
un moine qui s’eſt venu reformer , à ce
qu’il dit , ſur la morale du Docteur Luther. Pour ſe juſtifier auprés de moy de
ſon changement par la comparaiſon du
party qu’il abandonne à celuy qu’il em-
braſſe, il faudroit qu’il eut autant d’empire

pire sur la raison qu'il en a sur les yeux,
à qui il fait voir ce qu'il veut, & comme il le veut, car il a tout ce qu'on peut
avoir de fonds dans le secret de l'opti-
que. C'est cét Art, *Monseigneur,* qui peut
placer la moitié du móde dans un point,
qui a trouvé le moyen de faire sortir des
échos visuels du crystal, & d'aprocher
les objets les plus éloignez par des re-
productions d'especes & de correspon-
dances de vûes qui étend dans les espa-
ces les plus bornez, des lointains à perte de vûe : Enfin c'est cét Art trompeur
qui se joüe de nos yeux, & qui avec
la regle & le compas derégle tous nos
sens. Nôtre homme va encor plus loin,
il remue les ombres comme il veut sans
le secours des enfers. On a quelquefois parlé à V. A. S. de cette glace sphé-
rique qui reçoit les especes des objets
éloignez par un filet de lumiére, & qui
roulant dans les ténebres, les y imprime & leur fait suivre son mouvement.
Les fantômes & les spectres verita-
bles ne sentent pas plus l'autre monde :
le say des Heros qui ont pâly à la
vûe de ces jeux & de ces sophismes de
Magie.

Et

Et n'en deplaise à Mr. Grundler, toute l'estime que j'ay de son savoir, ne m'ôta pas la frayeur, je crûs qu'il n'y eut jamais de plus grand Magicien que luy au monde. Ie vis le paradis, je vis l'enfer, je vis des spectres. I'ay quelque constance, mais j'en aurois volontiers donné la moitié pour sauver l'autre. Tout cela disparut, & fit place à des spectacles d'une autre nature. En un moment je vis l'air remply de toute sorte d'oyseaux, à peu pres comme on les peint à l'entour d'Orphée: En un tour de main on me representa une nopce de village, d'une maniére si naturelle que je m'imaginois être de la fête. L'horizon de ma vûe fut occupé en suite par un palais si superbe qu'il n'y a que l'imagination qui le pût produire; Au devant duquel on couroit la bague. Les Heros en étoient, ces Dieux que l'antiquité adoroit; C'étoit un plaisir d'y voir Momus monté sur un barbe, qui se moquoit avec des Satyres de Iupiter qui avoit manqué d'adresse en si belle compagnie. Mais finissons ces visions & tâchons de recréer V. A. S. de quelque chose de plus solide.

Quoy

de dépenſe qu'aucun autre Prince. J'admiray le Gouuerneur de ces bêtes qui
en faiſoit ce qu'il vouloit. Vous diriez
que les loups, les lions, les ours, les linx,
les tigres, les leopards perdent toute
leur furie quand ils le voyent, au moins
ne luy ſont-elles plus farouches. On
chaſſa autrefois de Carthage un des
plus grands Seigneurs de la ville, parce
qu'il avoit apprivoiſé un lion, & que
ces Republiquains avoient peur que leur
liberté ne periclitât entre les mains
d'un homme ſi ingenieux, qui faiſant
des bêtes ſauvages ce qu'il vouloit, auroit à plus forte raiſon tourné les eſprits
de ſes Citoyens à faire ce qu'il auroit
deſiré.

Ie ne peux ſortir de la *Miſnie*, *de la
Saxe & de la Luſace*, ſans dire que j'y
ay été bien ſurpris, & que faute de bons
mémoires, je ne m'étois pas attendu à
un ſi beau pays; & je ne m'étonne
plus de tant de difficultez qui traverſe-
rent Charle-magne dans la conquête
qu'il en fit.

## LA BOHEME

Faiſoit autrefois un Royaume particu-

Elle obeit aujourd'huy à l'Empereur.
C'est un tres-bon pays, mais ses guerres
intestines & étrangéres l'ont bien affoi-
bly. Ie la compareroiis à un soldat qui a
tué ses ennemis , qui languit encor des
blesseures qu'il a receu en combattant.
I'ay oüy dire que la presence de l'Empereur y rétabliroit en peu de rems cette vigueur qu'elle n'a plus : Cela me
fait souvenir de ces malades qui gueris-
sent dez qu'ils voyent leur Médecin. Ie
ny vis rien de ce que je cherchois, aussi
ne trouve-t'on de curiosités dans les petites villes que fort rarement.

## PRAGVE

En ä compense m'en fit bien voir. Les
Iaifs m'y apportoient tous les jours des
médailles , mais de tres peu de considération. I'avois honte de leur ignorance
& de leur pauvreté. Ils m'aportoient aussi quantité de pierres qu'on pouvoit ap-
peler précieuses. Ie n'aime en cette curiosité que ce qui est extrémement beau,
& je ne trouvay rien de cette nature.
Cette ville m'occupa au point que je m'y
lassois tous les jours, quoy que j'en vis-
se chaque fois de nouveaux quartiers.

On

On me dit que je ne me devois pas éton-
ner de sa grandeur puis qu'elle contenoit sept villes différentes; cela augmen-
ta mon étonnement , car j'aurois cru
qu'elle en contenoit plus d'un cent, Elle
est aussi large que Londres est longue: Le
grand nombre des habitans répond à la
grandeur de la ville. Si les treize cent
apoticaires de Londres suffisent pour en
prouver l'affluence, les deux mille Iésui-
tes de Prague serviront aussi à quelque
chose. Les autres compagnies religieuses
y sont en aussi grád nombre, qu'en aucun
endroit de la terre. Elles y ont des mo-
nastéres qui ressemblent plûtôt à des Palais qu'à des retraites de gens qui ayent
renoncé aux vanités du monde. La pieté
y a bien fait d'autres merveilles: Les Espagnols y ont une Eglise , & par conse-
quent une habitation , avec le titre de
*Pelerins d'Emaus.* Ie n'en ay point oüy
parler ailleurs que là. Le peuple y est
fort devot , je ne voudrois pourtant pas
croire tout ce que ce zele leur suggére.
On me fit voir dans une Eglise les trois
pierres d'une colomne que le diable, dit-
on, avoir apporté de Rome pour tromper
certain Prêtre disant la Messe, avec qui il

K 2     avoit

avoit fait pact : Que saint Pierre jetta
trois fois ce Diable & sa colomne dans
la mer, & que ce retardement ayant fait
perdre les mesures au Diable, il en fut si
enragé que de dépit il rópit sa colomne
& fut encor trop heureux de se sauver,
& le reste. Mon silence ne fut pas bien
interpreté par ceux qui m'en faisoient
l'histoire, il falu dire si je le croyois
ou non. Je pensois en être quitte en
disant que je ne l'avois jamais ny leüe
ny oüye, quoy que je fusse passable-
ment informé des miracles de saint
Pierre, mais que peut-être la circonstance du tems m'aideroit. Je demanday
donc en quel tems cela étoit arrivé, on
me répondit par beaucoup de milliers
d'années : Mais, respondis-je, la Religion Chrétienne n'est établie que depuis
seize cent ans, & depuis Iesvs-Christ;
Oüy, me dit-on, mais le miracle dont
on vous parle est bien plus vieux que
cela : De telle sorte que ma chronolo-
gie étant renversée, j'étois presque obligé de croire que S. Pierre, les Messes
& les Eglises Catholiques fussent bien
plus vieilles qu'on ne dit. Dans le même endroit, je vis un grand tombeau

de

de pierre, qu'on a trouv dans la Mol-
de , avec le corps d'un saint Antoine
dedās. C'est un monument considerable,
dont la sculpture & les ornemens se ra-
portent fort à tant de sepulchres des
premiers Chrétiens qu'on trouve en Italie , & dont il y a tant d'exemples , dans
le beau livre de *Roma subterranea* : ces
Charactere X P. qui designent le nom
de Christ avec les A & Ω y sont comme
sur nos médailles antiques de Magnen-
tius & Decentius. Dans cette même
Eglise on montre un *portrait* de la Vierge peint par saint *Luc*. Ie ne-suis faché
que de le voir trop souvent , car il est
certain qu'on se trompe dans la plus
grande partie , n'étant pas vray-sem-
blable que saint Luc ait tant de fois
peint la Vierge , outre que l'ouvrage
a ses marques modernes. Neanmoins
j'ay une pieuse veneration pour tout
cela. On me fit encor voir en ces
quartiers-là un *Temple* qu'on croit avoir
été bati par les Turcs , lors qu'ils ont
étendu leurs courses jusques là. Il
est tout different des nôtres & ne reçoit
du jour que par le comble , à peu prés
comme

comme le Pantheon d'Agrippa.

Cette partie de la ville qui eſt au de là de la riviere & qu'on appelle le petit côté, eſt bien plus charmante, on n'y voit que des Palais : comme la retraite de ce qu'il y a de riche en Boheme & dans les pays hereditaires de S. M. I. on y en comte plus de trois cent. Le *Palais du Roy* eſt aujourd'huy celuy de l'Empereur ; ſa ſituation, ſon architecture & ſes ornemens n'ont rien que de Royal. Le Sr. *Miſſeroni* qui en garde le *treſor*, m'y fit voir, ſans exageration, les plus belles peintures du monde: Il y en avoit plus de cinquante de *Titien*, une petite chambre pleine d'ouvrages de *Raphael*, & quatre ou cinq grandes chambres pleines des tableaux de la premiere conſideratió. Ie ne puis me ſouvenir de quelques châbres vuides ſás avoir les larmes aux yeux, on y conſervoit les livres & les médailles : La guerre n'épargne rien ; & ce qu'on n'a pas même oſé tenter à force ouverte, a été executé par la trahiſon d'un Particulier, qui en a enrichy *Koniſmark*. I'ay oüy dire que ce General en avoit fait preſent d'une partie à la Reine Chriſtine

ftine , & qu'il en avoit fait porter le
refte dans un Château qu'il a vers Bre-
me. Il ne tiendra pas à moy que je ne
les voye , & je fuis homme à l'occafion
d'en faire le voyage tout exprés. Si la curiofité me donne tant de fatigues , on
peut dire qu'elle ma donné en recompenfe bien du plaifir. I'y remarquay
quelques coings de médailles qu'on pretend étre antiques , je n'oferois le croire
de même. I'en ay vû à Paris qui nous y
avoient été envoyées d'Italie & qui me
fembloient étre de même fabrique : il y
a des falfifications par tout. Ce même
Monfieur Mifferoni me communiqua
beaucoup d'autres chofes précieufes,
avec la derniere courtoifie , par la re-
commandation que j'avois de Monfeig.
le Comte de Lamberg , Miniftre d'Etat
de S. M. I. auquel j'en auray toute ma
vie l'obligation.

Il fallût encor voir *Vienne* ; mais auparavant que d'y arriver ; permettez-
moy de vous raconter un fpectacle qui
me remplit l'imagination. Nous paffions
entre l'Elbe & un petit bois , nous fû-
mes furpris dans l'extremité de la prairie d'y voir comme un racourcy de la re-
furrection & du jugement final. Trois

ou quatre cent perſonnes ſe levoient de
deſſus la terre , où ils avoient couché:
Ils n'avoient pas la peine de s'habiller
faute d'habits , peu en avoient, mais
perſonne n'y avoit de la pudeur. Ie
n'oſerois décrire ce que j'y vis , & encor
moins ce qu'on offrit de me faire voir,
ſi je leur voulois donner quelque au-
mône. C'étoit une compagnie, ou ſi on
veut un regiment de Bohemiens, non
pas de ces Bohemiens nez en Boheme , mais de ces Bohemiens de profeſſion , qui n'ont nul métier , nulle
richeſſe, nuls amis , nulle induſtrie &
qui cependant vivent, & vivent auec vne
liberté que vous ne trouveriés pas dans
la plus libre Republique du monde.
Ie voyageois alors avec un Polonois
& un Etudiant de Straſund fort ſavant
nommé Monſieur Leve : Ils ne furent pas moins étonnés que moy de
cette apparition , & nous n'en quitâmes
la diſſertation que par le petit déme-
lé qu'ils eurent enſemble ſur le détail
de la Religion. Le Polonois qui étoit
Catholiciſſime récita par devotion un
*Tç Deum* , à l'honneur de ſaint Antoine , fait à l'imitation de l'Hymne que
ſaint

saint Ambroise & saint Augustin avoient
fait en l'honneur de Dieu. Le Lutherien
ne le pût souffrir, sans luy dire que sa
priere étoit idolatre & impie; & qu'à
force de vouloir donner aux hommes
les loüanges qui apartenoient à Dieu,
on privoit Dieu de celles qui luy
étoient uniquement dües; J'eus de la
peine à rompre cette conference, & je
n'y reüssis, qu'en leur opposant l'arti-
cle de la paix generale, qui defend à
toutes sortes de personnes de troubler
la tranquillité publique sous quelque
pretexte de Religion que ce soit.

A *Vienne* j'eus encor l'honneur de
faire la reverence à S. M. I. Les momens
qu'Elle eut la bonté de me donner,
acheverent de me persuader que c'é-
toit le meilleur Prince, & je crois de
ceux qui ont été & de ceux qui seront
jamais. Il étoit debout sur une espece
d'estrade, où il me fit la grace de m'appeller. Ce qu'il me dit & la belle maniere dont il me le dit, frapperent plus
mon cœur que mes oreilles. Je ne l'avois
jamais offert qu'à Dieu; mais je crûs
bien faire de l'offrir aussi à celuy qui en
represente la Majesté sur la terre. Les

Poëtes ne nous repréſentent rien de ſi
divin dans leur Iupiter que j'en recon-
nûs dans S. M. I. Le ſtile heroïque lan-
guiroit encor, s'il entreprenoit d'exprimer ce que j'en penſe, à plus forte raiſon mon pauvre ſtile epiſtolaire. Ie ne
ſaurois pourtant taire, que ſi la fortune
favoriſe quelque jour le peu que j'ay de
talent & de vertu, je croiray tout devoir
à ce favorable accueil, dont il plû à
S. M. I. de m'honorer. Ie viſitay derechef
ſes admirables treſors, mais particuliérement ceux des livres & des médailles.
I'y vis cette infinité de précieux manuſcrits en toutes ſortes de langues & de
matiéres, tant antiques que modernes,
ſans leſquels on ne ſauroit ce me ſemble
rien écrire. I'y parcourus ces deſſeins incomparables de L. Strada, qu'on ne peut
voir ſans devenir & plus curieux & plus
ſavant. Monſieur *Lambécius* qui les a en
ſa garde, comme bibliothequaire, m'y
fit toute la faveur que je déſirois. Son
nom eſt conû & aimé de tous ceux qui
aiment les belles lettres, mais les cinq
volumes qu'il a donné au public depuis
peu, l'élevent encor ſur ce qu'on ſavoit de luy. Le beau livre qui porte le

nom

nom de *Bibliotheca Cæsarea*, contient tout ce qui est de beau, de curieux, & de rare dans la biblioteque de l'Empereur. I'ay leu ces cinq volumes à Vienne, quoy que j'y eusse peu de tems, encor les trouvay-je trop courts ; c'est bon signe, *Monseigneur*, comme c'en est un fort méchant quand on se fatigue d'un petit livre. Ie n'ay jamais mis le pied dans cette bibliotéque que je n'en aye été plus éclairé. Qu'il est aisé de devenir sçavant avec ces grands fonds ! On y trouve la plûpart des matiéres digerées, & pour peu qu'on ait le goût bon, on en peut aisément discerner le vray d'avec le vray semblable, & par conséquent raisonner juste, sur chaque sujet qu'on aura entrepris. I'y passay environ trois mois, mais quand j'y aurois passé toute ma vie, il ne m'y auroit pas ennuyé.

Il n'y avoit plus de *Iuiss* à Vienne, & cela me fit manquer beaucoup de médailles : Ils en avoient esté chassez un an auparavant, & de toute l'Autriche : On se plaint d'eux par tout, & les tributs qu'ils donnent aux Princes qui les protegent n'adoucissent gueres la haine



qu'ils

qu'ils meritent. Ce font des ennemis tres-zelés des Chrétiens, comme fi le vieux Teftament leur commandoit ces larcins, ces maffacres & ces empoifon-nemens dont ils font fi fouvent con-vaincus, contre ceux qui croyent au nou-veau. Vn Médecin les peut comparer à la ratte dont l'ufage n'eft pas de grande importance, puifqu'on la retranche fou-vent du corps fans aucune diminution des fonctions. Elle détruit l'embon-point des autres parties, en s'appro-priant les humeurs qui les devoiét nour-rir, & les fait enfin perir de mifere & d'inanition, fi on nempêche qu'elle ne s'en groffiffe. Les Iuifs en feroient bien autant s'ils pouvoient, il ne fubfiftent que d'artifice & de fourberie : Ie n'ay pas vû de menu peuple fi pauvre que là où il y a des Iuifs, on diroit qu'ils en confument toute la fubftance. De plus ils ne font bons à rien : Ils ne font plus favans comme ils étoient autrefois, & n'aiment point à travailler ; la pareffe & l'ignorance les jetteront enfin dans la derniere mifere. La petite ville qu'ils ha-bitoient porte aujourd'huy le nom de *Leopolftadt*, c'eft comme un faubourg
de

de Vienne, qui n'en est separé que d'un petit bras du Danube : On la proprement bâty ; on a sanctifié les Temples, apres en avoir effacé jusques aux moindres marques de leur superstition. On y en verra long-tems le monument, dans le tableau du grand Autel, où l'Empereur & l'Imperatrice semblent offrir à Dieu toutes leurs grandeurs, implorant sa protection pour la conservation de leur petite Princesse Imperiale, & de leurs peuples. Vn tableau de cette même Eglise represente un jeune enfant Chrétien assassiné à coups de canif par les Rabins qui sous ombre de Religion en recüillent le sang dans un bassin pour s'en servir ensuitte à leurs mysteres. Ce n'est pas sans raison qu'on nomme la Religion des Turcs une Religion de pourceaux, aussi doit-on dire que celle des Iuifs en est une de superstitieux, sans abuser pourtant du mot de Religion, qui ne doit servir que pour exprimer le culte sacré dont nous adorons Dieu.

Les Turcs me font souvenir d'une petite ambassade que je vis à Vienne, où ils ont demeuré environ deux mois;

mois : Apres avoir eu une audience publique du Vice-Prefident du confeil de
guerre, ils la demandérent auffi de S.M.I.
& eurent affez de peine à l'obtenir par le
peu d'importance des affaires qu'ils
avoient à traiter, neanmoins la bonne
intelligence qui eft entre les deux Empires la leur fit accorder. J'appris avec
joye que les Turcs évitoient jufques aux
moindres occafions dont S.M.I. eut pû
fe plaindre, & qu'ainfi les Rebelles
d'Hongrie n'en devoient efperer aucun
fecours, & feroient bientôt obligez par
là, de recourir à fa clémence. Ils étoient
logez hors de la ville & gardez de la
même maniére dont ont traitte les Chrétiens qui font en ambaffade à Conftan-
tinople. J'allay fouvent dans leur maifon, fans pourtant les avoir pû voir
manger, quelque envie que j'en euffe :
On ne me permit que de voir leur écu-
rie. Il y avoit de fort beaux chevaux
qu'ils avoient amené exprez pour en
faire négoce. Car, *Monfeigneur*, ces
Turcs tout barbares qu'ils font, ne laiffent par de bien aimer l'argent, auffi
font-ils tout ce qu'on peut fai pour en
avoir. J'ay apporté de ce pays là une
houffe

housse de cheval brodée en Mesopota-
mie, où l'on dit que se fait le plus beau
travail. En effet il est de la derniére
beauté, sans y comprendre l'or & l'argent qui y sont épais de deux doits: Ie
voudrois qu'il fut assez beau pour plaire à V. A. S. Elle n'auroit qu'à en dis-
poser.

Tout le monde sait que les Turcs
haïssent toute sorte de jeux, ou pour
mieux dire, qu'ils ne savent ce que c'est
que de joüer. La paume & la boule
leur semblent ridicules. Ces fols de
Chrêtiens, *disent-ils*, jettent une balle
en l'air ils courent apres, ils la chassent
& recourent derechef. S'ils en sont si
amoureux, que ne la prenent-ils, que
ne la gardent ils, pourquoy se donnent-
ils tant de peine pour une balle qui ne
se sauroit remuer d'elle même? Les jeux
de cartes & de dez, leur sont en horreur
mais ils en ont d'une autre espéce. Ie
les vis joüer souvent, à se jetter à la
tête des batons de cotret & des petites
buches. L'adresse principale de celuy
qui le jette est de frapper son homme le
plus rudement qu'il peut. L'autre ne
songe pas seulement à éviter le coup,
comme

comme je ferois en cas pareil, il va au-
devant & le reçoit avec la main, comme
si cela n'étoit ny pesant ny dur, & le
rejette aussi-tôt avec un pareil dessein
que le premier. Vous pouvez croire
qu'on n'en sort pas souvent sans qu'il y
ayt du sang répandu, mais ils n'en sont
pas pour cela moins bons amis, & celuy qui a fait le plus de mal, passe chez
eux pour le plus galant homme.

Ie vis d'autres jeux ou plûtôt d'autres exercices dans Vienne, auquels je
croy que les Allemans prennent plaisir,
pour ne pas oublier leur anciennes coû-
tumes. Il y faut assurément de l'agilité
& de l'adresse, mais toutes les deux ne
feroient pas vn grand effet, si on n'a-
voit encor beaucoup de force. L'espa-
don, la haste, la hallebarde de bois &
le toseck sont leurs principaux instrumens. Quoy qu'ils semblent encor re-
tenir quelque chose de certe ancienne
ferocité, qu'on reprochoit à leur ance-
stres, ils ne sont pas si cruels à bien
loin prés, que ceux que je vis dans des
places publiques de Londres, où on casse
la tête d'un homme sans remission par
forme de divertissement. Ceux de Vien-

ne ne se font qu'en presence d'un Officier qui a soin des regles du combat, & qui interpose son authorité pour separer les combatans, lors qu'il craint que l'animosité, la jalousie, ou l'ardeur ne les emporte : I'y ay pourtant vû souvent du sang répandu. Quoy que cela m'ait fait de la peine, je n'en ay pas eu le cœur touché, comme de ce qui s'est passé entre les brutes. On y fait combattre des chiens contre un Taureau & on releve souvent de nouveaux, ceux qui sont blessez ou fatigués du combat. I'en vis d'autres avec des ours, des loups & des chiens : La furie de ces animaux & leur acharnement me fait souvenir du plaisir qu'avoient les Romains, qui donnoient leurs Consulats & leurs Prétures à ceux de qui la liberalité leur faisoit esperer de plus grands & de plus extraordinaires divertissemens en ces sortes de choses. Iules Cesar s'en trouva bien, & quoy qu'il eut toute la vertu & tout le talent qu'il faut pour s'asservir un si grád Etat, il ne laissa pas d'y joindre de ces petits artifices. On remarque même qu'il incommoda fort son domestique, ou pour mieux
dire

dire qu'il se ruina , pour gagner les bonnes graces du peuple , par la multitude & la grandeur des spectacles dont il l'éblouïssoit. Vienne enfin est une ville de plaisir s'il y en a au monde: Et comme je prétens qu'à moins d'étre François il faudroit souhaitter d'étre né Allemand , de même je dis qu'à moins de passer sa vie à Paris , il l'a faudroit passer à Vienne.　De Vienne j'allay à

## SALZBOVRG:

On ne se promettroit rien du pied des Alpes & de ce pied qui n'est exposé qu'au septentrion ; neantmoins tout y rit , campagne , riviére , promenades, jardins, bâtimens, rien n'est plus agréable & plus superbe: Ce qui en augmente encor la beauté , est à mon avis cette masse de rochers qui est comme coupée perpendiculairement , & qui semble menacer la ville d'un accablement ; En effet nous y vimes les misérables restes d'un Monastére & de quelques maisons qui furent comme ensevelies quelque mois auparavant sous la chûte d'une masse de rochers. Des Ouvriers qui travailloient vers la cime pour l'escarper

parfai

parfaitement , ne nous paroissoient pas
plus gros que des fourmis, & c'est assez
ce me semble pour en designer la hauteur. Le plus beau cimetiére que j'ay jamais vû est celuy de saint *Sebastien*,
C'est plûtôt un cabinet de peintures
pour réjoüir les yeux & l'esprit , qu'un
spectacle funebre. On prend plaisir en
ce pays là de se faire honorer apres la
mort, ou plûtôt je pense qu'on y fait
des honneurs aux defunts pour la consolation des vivans. La superbe chapelle qui est au milieu de quatre galleries,
a été bâtie pour servir de tombeau à un
Archevêque. Du plus grand jusques au
plus petit, on se plait à cette magnificence ; ainsi en alloit il en Egypte , il
y a trois ou quatre mil ans. Les misérables y avoient leur pyramides aussi bien
que les Roys, les conditions n'y étoient
distinguées que par la dépence. Telle est
la foiblesse du genre humain qui se trouvera pourtant comme aneanty & caché
sous quelques pieds de terre , o û il ny
aura plus de différence entre le riche &
le pauvre : Alexandre n'en occupe pas
plus qu'Irus.

Sarco

*Sarcophago contentus erit ; mors sola fa-*
*tetur*
*Quantula sint hominum corpuscula.—*

Que V.A.S. me permette de luy décrire l'epitaphe que je vis contre la muraille de l'Eglise, d'un homme qu'on
estime fort en Allemagne, & particuliérement en ce pays-là.

CONDITVR HIC
PHILIPPVS THEOPHRASTVS,
INSIGNIS MEDICINÆ DOCTOR,
QVI
DIRA ILLA VVLNERA,
LEPRAM, PODAGRAM, HYDROPISIM,
ALIAQVE INSANABILIA CORPORIS
CONTAGIA
MIRIFICA ARTE SVSTVLIT
AC
BONA SVA IN PAVPERES
DISTRIBVENDA COLLOCANDAQVE
HONORAVIT:
ANNO M.D.XLI. DIE XXIIII. SEPTEMB.
VITAM CVM MORTE
MVTAVIT.

Cela

Cela ne s'accorde gueres avec ce que j'avois apris de luy en France, où il ne paſſe que pour un charlatan, qui a voulu aveugler le monde par les avantages extraordinaires qu'il promettoit. Combien a-t'il fait pendre de faux monoyeurs qui ne s'atendoient à rien moins, & qui en liſant *Paracelſe*, ne ſongeoient qu'à aprendre à faire de l'or. Cét impoſteur en promettoit le ſecret à tout le monde : Cependant il eſt mort gueux & dans ce même Hôpital de Salzbourg, où le bien qu'il a donné aux pauvres, ne peut ſervir que de deux lignes d'amplification pour ſon Epitaphe. Il ſe vantoit de plus de pouvoir accorder le Pape, Luther, & le Turc, c'eſt un méchant homme puis qu'il ne l'a pas fait : La ſeule facilité qu'il en avoit à mon ſens, eſt qu'il n'étoit zelé pour aucun party. Enfin, diſoit-il, je ſay le ſecret de faire vivre iuſques à cent & cinquante ans ſans maladies, & luy-même eſt mort à trente-ſept, accablé de douleurs. Rien de tout cela ne me perſuade de ſa probité n'y de ſon érudition. Il eſt vray que comme il s'étoit aquis quelque reputation,

il

Il y a eu de savans Physiciens en Allemagne qui ont mis son nom à la tête de
leurs écrits ; Ainsi Paracelse a eu de la
gloire, à quoy il ne s'attendoit pas, même apres sa mort. Mais, graces à Dieu,
le monde en est tantôt détrompé. On
sait que nos Medecins évitent l'éloge,
dont on se repaissoit au siecle passé, en
les traitant d'excellens Chymistes : Ce
seroit assez pour exprimer aujourd'huy
de tres malheureux Medecins. Ce n'est
pas que je pretende condamner la connoissance de Chymie, je la connois pour
merveilleuse ; mais je la connois aussi
pour une pierre d'achopement & de
scandale, qui fait trébuchet la plufpart
de ceux qui s'y heurtent. Mon Pere,
dont la memoire me renouvelle des larmes, disoit que c'étoit le singe de la Médecine ; & la fauffe monnoye de nôtre
profession.

Le Château de *Salzbourg* Est quelque chose de surprenant : On en
fait l'estime que l'on doit comme d'un
boulevard de la Chrêtienté, & qui arre-
teroit le Turc, si par malheur il penetroit jamais jusques là. Monseigneur
l'*Arche*

*l'Archevêque* eut pour moy & pour ma compagnie, la bonté de donner un decret pour nous le faire voir. Ie vis la residence aussi superbe qu'on me l'avoit figurée ; les ornements, la beauté & le nombre des appartements ne cedent à gueres de palais du monde : I'en laisseray faire la description à d'autres, je n'ay des yeux pour ces sortes de choses que de complaisance & d'admiration : Mon plaisir va aux curiosités historiques, mais hors quelques statues qui se trouvoient plûtôt par parade & par magnificence que par curiosité, il ny en avoit pas. Ce qui augmentoit mon étonnement, est que le Prince Archevêque d'aujourd'huy est tres savant, tres-éloquent & tres éclairé en toutes sortes de choses, je m'en apperçus assez dans l'entretien qu'il eut la bonté de me donner. En me disant qu'il n'avoit point de médailles antiques, il me marqua l'estime qu'il en faisoit & me fit voir même les livres que j'en avois écrit, qu'il avoit envoyé querir dans sa bibliotéque. Ce feroit une espece de bonne fortune pour la curiosité, si un Génie si sublime & un si grand Seigneur que cet

cét Archevêque y vouloit donner quel
que tems ; j'ose dire aussi que ce seroi
une espece de bonne fortune pour S. A.
si elle s'appliquoit un peu à cette curio
sité. Que de soins donne le gouvernement & que de mauvaises heures l'accompagnent ! Vous le savez , *Monsei-*
*gneur* , Alexandre en avoit, Iules Cesar
n'en étoit pas exemt, il n'est pas que
V. A. S. n'en souffre & Monseigneur
l'Archevêque de Salzbourg : Vn Cabinet de médailles , un peu d'application à la veüe de tant de Heros qu'elles
représentent, un mot de loüange pour
les bons , un grain de sel contre les Ty-
rans , & l'admiration pour tous , servi-
roit s'il me semble de médecine à une
grande ame trop occupée & lassée des
affaires du siécle : Ce seroit le *Nepenté*
& un *ψυχῆς ἰατρεῖον* , au moins à mon
goût. Diray-je à V. A. S. en quoy con-
siste encor plus mon étonnement à cét
égard , c'est que ceux qui semblent pouvoir faire ces dépenses avec plus de facilité , sont ceux qui en font le moins ;
Les Princes Ecclesiastiques que j'ay
connu en Allemagne n'ont pas de curiosité , au moins celle des médailles.

Ie n'ay rien vû à Mayence, quoy que
Monſeigneur l'Electeur le dernier mort,
eut tout l'eſprit qu'on peut deſirer;
mais il ne connoiſſoit pas peut-être ces
delices. Le grand Maître de l'Ordre Teu-
tonique qui eſt aujourd'huy Viceroy en
Hongrie, eſt magnifique en tout : On
ſait aſſez par les dépenſes qu'il fait
pour ſa table, pour la chaſſe & pour
les autres honnètes plaiſirs de la vie,
que ce n'eſt pas par épargne qu'il n'a
pas de médailles, cependant, il n'en a
pas : Il me la dit luy-même à *Mergen-*
*theim*, ou j'étois allé exprez. Si ces
Princes y avoient ſacrifié cent ou deux
cent piſtolles, qui n'eſt rien à l'égard
de leur revenu, outre le bien qu'ils en
tireroient pour eux mêmes, la poſtérité
& la Republique des lettres y trouveroit ſon avantage. Leurs Cabinets groſ-
ſiroient tous les jours & on ſauveroit
aiſément des piéces rares, que les Orfévres fondent ſouvent, faute de trouver
des acheteurs, témoin cette moitié de
médaille d'or qui nous reſte avec le
portrait de Peſcennius Niger. Les Princes curieux feroient fort bien ce me ſemble de commander aux Orfévres de

L   leur

leur Prouinces, d'advertir les Magiſtrats
de châque ville, de toutes les occaſions
qu'ils auroient dans la vente & dans l'a-
chapt des médailles d'or, d'argent & de
cuivre : Outre qu'on ôteroit par là l'occaſion d'en voler, c'eſt que le Prince y
trouveroit de l'advantage, ſans faire tort
à qui que ce ſoit. Les Orfévres ne les
achetent qu'au poids du metail & ſur le
pied de ce qu'elles peſent, par un petit
profit qu'on leur donneroit, ils ſeroient
engagés à n'en rien fondre. Il eſt vray
que pour une plus grande précaution,
je croirois qu'il faudroit menacer de
quelque amende ceux qui y auroient
contrevenu, & qui en auroient fondu
ſans permiſſion, ou qui auroient negli-
gé d'en donner avis à leur Magiſtrat, ou
à celuy qui en auroit la permiſſion du
Prince en châque ville. Cette ordon-
nance auroit, à mon ſens, un grand
ſuccez dans les grandes villes, princi-
palemét en celles de paſſage. Ie voudrois
que Monſeigneur l'Archevêque de Salzbourg en eut l'avis, & qu'il le voulût
pratiquer : Il reconnoîtroit par la ſuite du tems, que je ne manque non plus
de zéle pour ſon ſervice, que d'affection

ction & de respect pour sa personne.

Apres avoir demeuré huit jours à Salzbourg, je voulus aller dans le *Ti-rol* : Mais vers le milieu des Alpes deux Soldats m'exposerent l'ordre qu'ils avoient d'empêcher qui que ce fût, d'y entrer sans un passeport de l'Empereur: l'équipage où j'étois ne leur devoit pas faire peur; je courois la poste dans un traineau, & n'étois accompagné que d'un Amy à cheval : Peut-être que le charactere de ma nation les fit obstiner, mais enfin ils s'y obstinerent, & je crûs par le respect que je devois au Maître qu'ils servoient que je m'en devois retourner : l'eus beau leur dire que je venois de Vienne, où S. M. I. m'avoit témoigné toutes sortes de bontez : rien ne servit à les faire changer d'avis. *Polybe* n'auroit jamais crû un François si moderé, aussi s'est-il trompé quelquefois, notamment quand il dit, *Galli non dicam in plerisque, sed prorsus in omnibus actionibus suis, irâ atque impetu, non consilio reguntur.* Ie revins donc à Salzbourg où S. A. ne trouva pas à propos de me donner un passeport par les terres de l'Empereur. l'étois en peine de

L 2 m'en

m'en retourner à Vienne pour en qué-
rir un, mais je choisis le party d'aller à
Munic, où apres en avoir obtenu, j'entray dans cette agréable prairie du *Tirol.*

*Inspruk* m'y parut ce qu'un riche diamant paroit dans sa bague, ce n'est qu'é-
clat par tout, & que richesse qui frap-
pe encor plus l'esprit que les yeux ;
j'y étois aux Fêtes de Noel, où l'ardeur de la devotion est bien necessaire
contre le froid de la saison : j'y vis cette Archi-Duchesse qu'on pretendoit
être accordée avec S. A. R. d'Angleterre : On ne sauroit s'imaginer plus de
beautez, de grace & de Majesté. La
Venus de Zeuxis qui avoit occupé le
plus grand Peintre du monde n'en
avoit pas davantage : C'étoit pourtant l'abregé, ou pour mieux dire la
copie de ce qu'il y avoit de beau chez
les Grecques, qui comme vous savez,
*Monseigneur*, avoient la reputation d'é-
tre les plus belles du monde. Ce que
j'ay oüy dire de son esprit, est encor au
dessus de ce que j'ay vû, mais je ne me
tiens pas assez fort pour vous en exprimer ce qu'il en faut penser. En écrivant cecy je viens d'aprendre la mort
de

l'Imperatrice : Si ce n'étoit [pas étre trop hardy de vouloir marier l'Empereur, je le marierois à cette Princesse : Tout est déja d'acord dans mon esprit; que sait-on si cela n'arrivera pas réellement, ce ne seroit pas la premiere fois que l'imagination auroit été secondée du succez : *imaginatio generat casum*, disent les Physiciens, & je prendrois grand plaisir que cela arrivât, tant pour la consolation de l'Empereur, que pour le bien de l'Empire. Oserois-je dire à V. A. S. deux mots de la deffunte Imperatrice : Ie l'ay vû souvent à l'Eglise, & à table ; c'étoit une fort bonne Princesse, contre qui la médisance même à blanchy, faute de matiére. L'Empereur avoit pour Elle les derniéres complaisances ; j'ay oüy dire souvent que les mauvais traitemens qu'on faisoit aux reformez d'Hongrie, étoient l'effet de la pieté de cette Princesse & du conseil des Espagnols, à qui l'Empereur deferoit beaucoup en sa considération. Sa santé n'a jamais été vigoureuse : La delicatesse, ou pour mieux parler en Médecin la foiblesse de son temperament n'étoit pas moindre que

L 3 celle

celle de son corps : Celuy-cy eut pû se
fortifier par les remedes & l'excellente
nourriture dont elle se servoit, mais j'o-
se dire qu'elle s'en servoit trop , à raison
du temperament & de la force qui n'en
pouvoit pas tant digerer : Il faut là
une proportion Geometrique , & *ad
vires* comme disent nos livres, & c'est
en quoy la plus part du monde se
trompe.

En quittant le Tirol je passay cinq
ou six jours dans les *Alpes* au milieu
de l'Hyver , & sans y avoir eu froid :
Tout y étoit couvert de neige , hors le
chemin qui étoit aussi net qu'au Prin-
tems. J'y vis le passage que les Suedois
eurent envie de forcer durant les guerres passées ; mais dont ils ne purent venir à bout : Le Roy Gustave Adolphe
disoit pourtant qu'il savoit bien le
moyen d'y entrer, & qu'il ne luy manquoit plus que celuy d'en pouvoir sortir. A *Lindau* je m'embarquay sur le
lac, d'où j'arrivay à

# CONSTANCE,

Cette ville fameuse par son Concile
& par le suplice de Iean Hus. J'apris là
que

que son Evêque qui est Prince de l'Empire, est grand en authorité quoy qu'il eust aussi peu de revenu qu'aucun autre Evêque d'Allemagne, comme l'Archevêque de Salzbourg en avoit le plus.

## SCHAFFOVSE

Par où je passay, est une assez grande ville, & la capitale de son canton. Il y a là quelques curiosités & quelques Cabinets de médailles antiques. On voit à demie-heure de là ces cataractes du Rhin qui font presque autant de bruit dans le monde que dans leur voisinage. En sortant de son lit, où il sembloit se reposer placidement, il tombe comme à plomb, d'une hauteur considerable par dessus des rochers que la nature à ce semble escarpez tout exprés pour ce prodige. On en dit autant du Nil en quelque endroit de l'Ethiopie, mais je n'ay pas ouy dire qu'il y ait rien de pareil ailleurs, qui remplit si fort la vüe & l'oüye en même tems. D'un autre côté est la forteresse de

## HOENTVIL

C'est la meilleure place, c'est à dire la

plus forte du Duché de VVirtmberg.
Les dernieres guerres l'ont aſſez témoigné & je m'en ſouviens, à cauſe d'une
circonſtance que je n'ay jamais leüe que
dans nos anciennes fables, Il me ſemble que c'eſt celle de Valentin & Orſon:
Deux freres engagés dans de differens
partis, s'y virent en état de combattre
l'un contre l'autre, ſans ſe connoître:
Tous deux braves, ou pour mieux
dire plus braves que leurs épées, & qui
ſe ſont aſſez fait renommer par leurs
grandes actions : c'étoient les Ducs de
VVirtemberg *Frideric* & *Vlric*. l'ay vû
mourir celuy-cy à Stutgard dans ſon lit,
apres avoir eſſuyé mille occaſions l'épée
à la main ; l'autre vit & vivra longtems
ſi mes vœux ſervent de quelque choſe ; je l'honore infiniment, mais je l'aime encor davantage.

Mon voyage s'eſt enfin terminé à
*Bâle*, où j'avois reſolu de me delaſſer,
& de décrire les remarques que j'avois
fait dans ce voyage, dont je n'avois tra-
cé que de legers mémoires. l'y revois
avec plaiſir les belles médailles que j'ay
aquiſes depuis un an. le fais deſſeigner
au net celles dont je n'avois pris que

des

des crayons , & que je communiqueray
au public s'il plait à Dieu , & aux Princes qui ont tout pouvoir fur moy. Ie
médite d'y faire imprimer le *Suetone,*
avec les figures des médailles antiques
qui l'expliquent. Il y en doit avoir plus
de quatre cent que j'ay déja fait deffei-
gner par un fort bon Maître. Ie fuis encore en peine, fi je le dois faire en Latin
ou en François : Ces deux Langues paf-
fent par tout, & peut-être le feray-je en
toutes les deux. Cependant j'ay crû devoir à V.A.S. cette Relation toute fuc-
cinĉte qu'elle eft , tant pour l'informer
par moy - même de mes actions , que
pour l'affurer de ma reconnoiffance &
du refpect que j'ay pour fa perfonne.
Ie fuis ,

*Monfeigneur ,*

De Vôtre Alteffe Sereniffime ;

*Le tres-humble & tres
obeiffant ferviteur*

De Bâle le 12.
　Iuin 1673.
CHARLES PATIN.

**A**VRIES vous encor la patience de m'entendre, *Monseigneur*, & sans vous étre trop ennuyeux, pourrois-je ajouter à cette lettre un *Post-scriptum* ? La maniére dont on écrit en ce pays-cy m'en autorise, & le petit voyage que je viens de faire m'a apris des choses qui ne deplairont peut-étre pas à V. A. S. par le raport qu'elles ont avec ce qu'Elle aime, j'entens l'antiquité: l'Histoire & les belles lettres.

Tout le monde parle de la force & de la vertu des Suisses, mais on ne les connoit pas assez: On n'en seroit pas informé, si sans faire reflexion sur leur Histoire passée, on ne s'arrétoit qu'à leur Etat present. Les armes & les lettres y fleurissent, mais comme elles y ont été obscurcies durant plusieurs siécles, il en faudroit rechercher l'origine devant que les Barbares eussent comme inondé

mondé les plus belles Provinces de
l'Europe, l'Allemagne, la France, &
l'Italie. La Suisse qui les joint s'est trouvée enveloppée dans ces malheurs, &
on peut dire qu'elle ne s'en est souftrai-
te que par sa vertu & par sa force. Elle
a toûjours fait des merveilles pour conserver sa liberté, & quand on a été obligé de ceder à ces grands noms de Cesar & de Romains, elle n'a eu besoin
que de tems pour s'affranchir de cette
servitude. L'amour que les Suisses ont
pour leur liberté fait encor aujourd'huy
le premier de leurs characteres : Elle
leur conserve ce repos qui fait le bon-
heur des Etats : Et lors même qu'elle
donne de la terreur à ceux qui la vou-
droient détruire, elle se fait aymer de
toutes les Puissances de l'Europe. Ie ne
songe pas tant à écrire des circonstances de ce qui se passe aujourd'huy, que
d'éclaircir leur histoire par quelques
preuves historiques, qui sont venues à
ma connoissance.

I'ay vû plus d'antiquitez dans leur
pays qu'en pas un autre. Il y a apparence que les Romains y avoient de grandes colonies, tant à cause de la beauté

du pays que pour s'assurer contre les Allemans qui venoient souvent faire des irruptions de ce côté-là. Ie passay par cette campagne auprés de

## KOENIGSFELDEN,

Où Constantius n'étant encor que General des Armées de Diocletian, vainquit les Allemans en bataille rangée : On y trouve tous les jours des os, & personne ne doute que ce ne soient des restes de cette defaite. Dans

## MARTINACH,

Qu'on appelloit autrefois *Octodurum*, on lit sur une colomne cette inscription de son petit fils.

```
IMP. CAESARI VAL.
CONSTANTIO PIO
FEL. INVICTO AVG.
DIVI CONSTANTII PII AVG.
FILIO FOR. CL. VAL.
BONO REIPVBLICÆ NATO.
```

Ces derniers mots sont beaux, *Monseigneur,*

seigneur, & bien superbes, aussi pour
les faire passer à la posterité, les Romains ne se contentérent pas de les
graver sur la pierre; nous les voyons
encor sur leurs monnoyes d'or, & j'en
conserve un bel original.

Le Cloître de *Kœnigsfelden* fût fondé l'an 1309, par Elisabeth veuve de
l'Empereur Albert qui y fût tué par
son neveu, Iean d'Austriche Duc de
Suaube: I'en ay vû l'endroit, au passage
de la riviére de Russ. A une lieüe de là,
on voit les restes du Château *d'Habsbourg*, dont l'Empereur Rodolfe portoit le nom.

La ville de *Vindonissa* étoit dans le
voisinage. Tacite en parle, *au quatriéme de ses Histoires.* Elle fut brûlée par
les Suisses, qui voulurent entrer en Gaule du tems de Iule Cæsar, & fut rebâtie peu aprés par les Romains. ils
la conservérent jusques au tems de
Valentinien III. que les Huns & les
Allemans la détruisirent. De sorte qu'il
n'y reste maintenant qu'un village qui
porte le nom de *Vindisch*. Son Evéché
fût transferé à Constance par le Roy
Dagobert.

Dagobert. Tout cela se pourroit prouver par des inscriptions anciennes.

## B A D E

N'est pas loin : C'est le lieu où les
Cantons s'assemblent pour leurs affaires generalles , & où les Ambassadeurs
Etrangers se rendent. Les Romains l'appelloient *Aqua Helvetica* : Dans les siè-
cles suivans on l'a nommé *Castellum
thermarum* , à cause des bains chauds,
qui y ont beaucoup de reputation. Je
m'y suis baigné par plaisir , & j'oze dire par ma propre experience & par mes
méditations , qu'ils méritent toute l'e-
stime qu'on en fait. On en peut tirer
de grands usages pour la santé : Peut-
étre que j'y demanderois un peu plus
de circonspection que l'ordinaire. Je reviens à l'Histoire : Tacite m'apprend *au
premier de ses Histoires* , que Cæcina
Capitaine du party de Vitellius , defit là
une Armée de Suisses qui tenoit le party d'Othon. Il en décrit le lieu en quelque façon. *Direptus longâ pace in modum
municipy extructus locus , amœno salu-
brium aquarum usu frequens.* On y a
trouvé depuis peu une inscription de
Trajan

Trajan, & on y trouve tous les jours,
des médailles; j'en ay même acheté quelques unes. Ce qui me surprend le plus,
est qu'on y trouve des miliers de dez à
joüer, sans qu'on en puisse découvrir
l'origine. A quatre heures de là, est la
belle ville de

## ZVRICH,

Placée à un bout du lac, deça & dela
la riviere de Limar. On pretend qu'elle est bâtie par un Thuricus, 1900. ans
avant la naissance de N. Seigneur. C'est
bien l'emporter sur l'antiquité de Rome. Celle-cy s'en est comme vengée
par la main de Marius, à la defaite des
Cimbres à qui ceux de Zurich s'étoient
joins. *Charlemagne* qui en fit bâtir la gráde Eglise se voit encor sur une des tours,
la couronne en tête & l'épee à la main:
j'estime que ce monument est fort remarquable. Le Canton de Zurich tient,
comme vous savez, *Monseigneur*, le
premier rang chez les Suisses; il est fort
puissant par son peuple, sa richesse &
son étendue; j'en laisse le detail aux Historiens: Ie ne voudrois icy que de l'antiquité ou de la gentillesse.

V. A. S

V. A. S. trouvera-t’Elle bon que je luy raconte deux historiettes qui serviront à faire connoître les mœurs des habitans. Deux Bourguignons vinrent acheter des chevaux vers Zurich, s’entretenant à table avec leur hoste, ils dirent que comme les François s’étoient rendus Maîtres de la Franche-Comté, peut-étre viendroient-ils bien-tôt en Suisses, & qu’ils obligeroient au moins les peuples à leur lier & à leur délier les souliers. Vn voisin ayant appris de l’hôte l’entretien de ces Etrangers, les vint trouver l’épée au côté & leur demanda, si ce qu’on luy avoit raporté étoit vray? Ces pauvres gens eurent peur, ils ne pûrent pourtant nier ce qu’ils avoient dit, viens-ça, dit-il à un, délie moy ce soulier, l’autre le délia; va t’en, continua le Suisse & me fais venir ton compagnon: Dés que l’autre se fût approché, il s’en fit obeyr de même en luy faisant relier ce même soulier. Apprenez, leur dit-il à tous deux, que les Suisses ne servent que par amitié, & qu’ils se font obeyr quand on les menace. L’autre est presque de même nature: Vn Allemand passant par un village

de

de Zurich, demanda le chemin à un petit payſan, qu'il appella à ſon ordinaire *Kyemelker* : Celuy-cy l'enſeigna & courut dire à ſon pere le ſobriquet qu'on luy avoit donné : Le pere prend deux des ſes Amis avec ſoy, coupe le chemin à l'Allemand, le fait deſcendre de ſon cheval, & l'oblige de traire une vache aſſez long-tems malgré qu'il en eut. Va t'en, luy dit-il apres, & te vante ſi tu veux, que tu as été au pays de *Kyemelker*, & que tu ne l'y as pas été moins qu'eux.

En voila aſſez, *Monſeigneur*, pour faire connoître le genie de la nation : j'en ay même trouvé une inſcription antique, Genio Pag. Tigor. Si j'ozois le décrire par un autre charactére que celuy de la liberté, je parlerois du zele qu'ils ont pour leur Religion. Les Théologiens y ont grand pouvoir à ce que j'ay oüy dire, & obligent quelque fois le Magiſtrat d'y étre un peu plus ſévere.

Quelque bruit qu'y facent les tambours, les Muſes ne laiſſent pas d'y avoir leur Parnaſſe : l'y ay connu quelque perſonnes fort doctes ; Monſieur *Suicer*

entre

entre-autres, qui ſait luy ſeul plus de
Grec que tous les Grecs de la Grece,
& que j'eſtime encor plus pour ſa probité que pour ſa ſcience. On m'a montré l'endroit de la riviere, où le bon
Monſieur *Hottinger* ſe noya miſérable-
ment avec vne partie de ſa famille: C'é-
toit ce celebre Profeſſeur en Hebreu,
que les Etats d'Hollande avoit appelé
pour leur Academie de Leide. Ie dois à
la courtoiſie de Meſſieurs ſes fils, la vûe
de quelques medailles Orientales qui
leur reſtent. La Bibliotheque publique
eſt comme une pepiniére des ſciences;
il y a de toute ſorte de livres & de manuſcrits fort conſiderables. Il y a auſſi
des médailles & de fort belles: On les
a aymé dés qu'on en a reconnu l'uſage; il
y a apparence qu'on les augmentera de
tems en tems, & qu'on en fera là un
beau Cabinet. Ie les vis avec affection,
& je fus même ſurpris des honneurs
qu'elle me produiſit: Ie ne parle ny du
compliment ny des reverences, car c'eſt
la mode d'en faire à tout le monde,
mais il plût au Senat de me témoi-
gner ſa bien-veillance par des marques
plus

plus solides , dont je me souviendray
toute ma vie.

On ne voyage pas loin en ce pays-là,
sans decouvrir de précieux monumens
de l'antiquité : l'en trouve beaucoup de
décrits dans les Historiens ; mais je les
voudrois d'une autre façon : On est
plus delicat qu'on n'étoit autrefois en
matiere de livres. Peut-étre donneray-
je assez de courage à un de mes Amis
pour l'entreprendre : Ie le connois assez
pour assurer qu'il a toutes les autres
qualitez pour y reussir. l'en marque-
ray par avance icy quelques-uns qui
m'ont plus frappé l'esprit que les autres. Ie vis avec plaisir le Château de
*Ripp.* On pretend que le Roy *Pepin*
l'avoit fait bâtir pour le plaisir de la
chasse. Il y a des Ours en ce pays-là,
*Monseigneur*, & dans ce tems-là on n'a-
voit pas de mousquets : Apparemment
on étoit plus hardy qu'aujourd'huy,
au moins l'étoit-on beaucoup plus que
moy.

## SOLEVRE

Est en un des plus beaux pays de la
Suisse. Il semble que les montagnes
s'y

s'y foient abaiſſées pour le paſſage des
eaux ; pour le plaiſir de la vûe & pour
les commoditez de la vie. I'y vis d'aſſez
curieuſes inſcriptions , dont je copiay
ce qui me parût de plus beau : Mais ce
qui eſt bon pour des mémoires pourroit étre trop ennuyeux dans un *Poſt-
ſcriptum*. Ie quitay Soleure en méditant
ſur cét Epigramme ,

> *In Celtis nihil eſt Soloduro antiquius,*
> *vnis*
> *Exceptis Treveris , quorum ego dicta*
> *ſoror.*

Vers le Cloître de *Fravobrunnen*, on
lit ſur une Croix,une particularité hiſto-
rique : On l'a dreſſée dans un champ, où
les Bernois deffirent une aſſez grande
Armée d'Anglois, l'an 1375. Vn Seigneur de Couſſin , vouloit faire valoir
quelques pretentions qu'avoit Catherine d'Auſtriche ſa mere, ſur des terres de
Suiſſe , qui avoient apartenu à cette
maiſon. Cette deffaite à ce ſemble cedé
ſon droit, au moins n'en a t'on pas parlé depuis.

I'ay occaſion de dire icy à V.A.S. quelque choſe des médailles,car on en a trouvé dans le même endroit, l'an 1618. Deux
petits

petits garçons poursuyvirent un serpent
jusques dans son trou, & remuans la terre avec leurs batons, ils decouvrirent un
pot de terre remply de quinze cent médailles d'argent, la pluspart de Severe, de
Iulia, & de Caracalle. Voudriez vous
croire, *Monseigneur*, que ce serpent eût
été metamorphosé en médailles, ou
qu'il ayt montré à ses persecuteurs ce
moyen de devenir riches : Pour moy je
ne crois ny l'un ny l'autre, mais je say
que le serpent est de bon augure, les Ni-
comediens s'en sont bien trouvez au bâtiment de leur ville, les Romains luy doivent la guerison de leur maladie, le peuple d'Israël ne se conserva qu'en regar-
dant le serpent, & peut-étre aussi qu'il
finira ma mauvaise fortune : *Feliciter.*

Pour revenir aux médailles, on en
trouve presque par tout ce pays. Vers
*Muri* on y en rencontra quantité, il y
a quelques années avec des sepulchres,
des lampes & des urnes. On commence en ce pays-là d'en avoir soin. Mr.
*Morel* en a déja un Cabinet considerable ; & quoy que sa curiosité n'ait commencé qu'à une petite médaille de Maximin qu'il eût par hazard, je peux assurer V. A. S. qu'il a fait de grand pro-

grez depuis, & qu'il en a de fort précieufes. Il à ramaſſé auſſi des plus belles
eſtampes d'Italie, de France & d'Allemagne. I'ay vû peu de gens qui ayment la
curioſité plus que luy, auſſi s'y con-
noit-il fort bien ; & pour le recompen-
fer de la peine qu'il y prend, je ſuis aſſuré qu'elle luy donne auſſi bien qu'à moy,
beaucoup de plaiſir. Il ne faut que
voir

## BERNE

pour en concevoir la puiſſance & la richeſſe. Vn Duc de Zeringue la fit bâtir l'an 1191. pour l'oppoſer à de petits
Seigneurs du pays, dont la domina-
tion même eſt tombée au pouvoir de
ce Canton. Il ne la reconnoîtroit plus
ce Duc Bertold : Elle eſt toute bâtie de
pierre de Taille, & voutée par tout.
On peut étre à couvert par toutes ſes
ruës, de la pluye & du ſoleil. Il ſemble qu'il n'y loge que des Roys, auſſi
chaque Bourgeois l'eſt-il dans ſa famille. *L'Egliſe, l'Arſenal* & *la Bibliotheque
publique*, ſont autant de choſes à voir.
On me fit remarquer l'endroit de la
plus haute muraille que j'aye jamais
vûe,

vûe, c'est celle qui soutient la platte-
formé où l'Eglise est bâtie, d'où un Etudiant tomba étant à cheval, sans se
blesser. Jamais Curtius ne tomba de si
haut, quoy que sa chûte luy ayt acquis
une gloire eternelle : Qui est - ce qui en
voudroit acquerir à ce prix ? pour moy
je ne connois personne. L'Etudiant dont
je parle est encor en vie, *Monseigneur*,
n'est-ce pas un prodige ? Hors la Bibliotheque de l'Empereur & du Roy, je n'y
ay jamais vû plus de manuscrits qu'il y
en a dans cette Bibliotheque de Berne;
tous ceux de Mr. Bongars y sont, &
j'ay été assez heureux pour en obtenir
le mémoire. Ie ne laisse gueres échaper
d'occasion quand je peux procurer quelque avantage à la Republique des
lettres.

## MOVRAT

Est à cinq heures de Berne : C'est
un nom fameux, & glorieux à ceux du
pays. Ils ont fait élever sur les bords
du lac, un sepulchre à vingt mil Bourguignons qui en vouloiët à leur liberté.
Cette Chapelle des os, est ornée de

cette

cette inscription. INVICTISSIMI ATQVE FORTISSIMI CAROLI DVCIS BVR-GVNDIÆ EXERCITVS MVRATVM OB-SIDENS CONTRA HELVETIOS PV-GNANS HIC SVI MONIMENTVM RELIQVIT ANNO M. CCCC. LXXVI. On ne peut gueres paffer là, fans fai-re de grandes reflexions. Les Suiffes s'y fouviennent du plus grand peril où ayt jamais été leur liberté ; & ceux qui n'y ont aucun intereft, ne laiffent pas d'y prendre plaifir, pour pen qu'ils ay-ment l'Hiftoire. On y voit d'un feul afpect la ville qui étoit affiègée, la pla-ce des trois camps qui étoient devant, l'endroit d'où les Suiffes vinrent forcer les Bourguignons, le lieu du combat & le paffage de la fuitte. Que de braves gens perirent cette journée là! Combien de richeffes pafferent du camp du vain-cu à celuy des victorieux : C'eft à mon fens une ample matiere de méditer, mais trop grande pour l'écrire icy.

# AVANCHE

A deux heures de là, eft le refte de cette grande colonie des Romains, dont il refte tant d'infcriptions. On croir que le pere de Vespasien y avoit demeuré : Suetone dit bien que *Fœnus apud Helvetios exercuerat*, mais il ne nomme pas la ville. Ie la trouve sur une medaille de Domitien citée par Goltzius, COLONIA IVLIA AVENTICORum. Son nom moderne n'est qu'une traduction de l'ancien, *Avanche* vient d'*Aventicum*. Son Evêché fût transferé à Lausane, l'an 600. Dans les Eglises, dans les murailles de la ville & dans les champs qui l'environent, on y voit d'assez belles antiquitez pour en faire une description particuliére. Au milieu du grand chemin, il y a quelques morceaux de pierre que la grosseur & la pesanteur empêchent peut-être de placer ailleurs, où j'ay trouvé des restes admirables de Sculpture & d'Architecture. Il ne me paroît pas qu'elles ayent été du bon temps, comme celuy d'Auguste ou d'Hadrien : La frize, l'architrave, le cordon, les doucines, la corniche, les acroteres, le timpan y sont chargez d'ornemens; On y en voit un assez grand de Dauphins adossez l'un contre l'autre : Ie m'imagine que ce sont des débris de quelque arc de triomphe. Ie ne

M        saurois

saurois m'empêcher d'écrire icy quelques unes de ces inscriptions qui m'ont
paru fort belles : Celle-cy se voit
dans la grande Eglise,

LEGATO
IMP. CAES. NERVAE AVG. GERM. LEG. XVI.
FLAVIAE FIRMAE ET LEGATO IMP. NERVAE
TRAIANI CAESARIS AVG. GERMANICI DACICI
LEG. VI. FIRMAE SODALI FLAVIALI PRAETORI
AERARI MILITARIS LEGATO IMP. NERVAE
TRAIANI CAESARIS AVG. GERMANICI DACICI
PROVINCIAE LVGDVNENSIS CONSVLI LEGATO
IMP. NERVAE TRAIANI CAESAR. AVG. GERMANICI
DACICI AD CENSVS ACCIPIENDOS
COLONIA PIA FLAVIA CONSTANS EMERITA
AVENTICVM HELVETIORVM FOEDERATA
PATRONO

Dans

Dans la Chappelle de sainte Marie
Magdeleine on y lit celle-cy.

NVMINIBVS AVG. ——
ET GENIO COL. HEL. ——
APOLLINI SACR.
Q. POSTVM. HYGINVS
ET POSTVM. HERMES LIB.
MEDICIS ET PROFESSORIB.
D. S. D.

En Voicy trois autres , qu'on voit
à Villars sur-nommé le Moine , à
cause d'un fort beau Couvent qui y
étoit.

I

DEAE AVENTIAE
ET GENI. INCOLAR.
T. IANVARIVS FLORIANVS
ET P. DOMITIVS DIDYMVS
CVRATORES COL.
EX STIPE ANNVA.

### 2

DEAE AVENT.
T. TERTIVS SEVERVS
CVR. COLON. IDEMQVE AL.
CVI INCOLAE AVENTICENS.
PRIM. OMNIVM
OB EIVS ERGA SE MERITA
TABVLAM ARG.
P. L. POSVER.
DONVM D. S. P.
EX H-S VCC. D. D. D.

### 3

DONATO CAES. AVG.
SALVIANO EXACTOR
TRIBVTORVM IN HEL
COMMVNIS VICARIVS

On peut remarquer à Avanche une
tour de la muraille flanquée au dedans,
comme toutes les autres que j'ay vûes
de bâtiment Romain. On y trouve tous
les

les iours des médailles , depuis les premiers tems jusques à celuy de Constantius , ce qui fait croire qu'elle fût ruinée de ce tems-là. Il est certain que
les Gots , les Huns & les autres Barbares l'acheverent par l'irruption qu'ils
firent sous l'Empire de Valentinien. On
croit que

## PAYERNE

*Paterniacum*, tire son nom de *Graccius
Paternus* , qui y commandoit pour les
Romains. Il y en reste beaucoup d'inscri-
ptions dont je n'ay décrit que celle-cy.

```
      IOVI O. M.
     GENIO LOCI
   FORTVNAE REDVCI
   APPIVS AVGVSTVS
        DEDICA.
```

I'y vis cette Eglise qu'une Reyne de
France fit bâtir , cette Berthe dont le
proverbe est si commun, *du temps que
Berthe filoit.* Peu d'Etrangers passent
par là , sans y remarquer une *selle de
cheval*

*cheval*, qu'on pretend avoir fervy à *Iules Cefar*. On y en fait tant d'eftime
qu'on l'a fufpendue en public, au devant de la maifon de ville, pour épar-
gner aux Paffans la peine de l'aller cher-
cher plus loin. I'y remarquay des étriers,
mais en portoit-on en ce tems-là, *Monfeigneur?* Ie fuis perfuadé que V. A. S. curieufe comme Elle eft me répondroit
que non, fi elle me vouloit répondre.
Galien dit en quelque part que les Romains étoient fujets à certaine maladie,
faute de mettre leurs pieds en repos,
quand ils étoient à cheval. Les Etriers
font affurément d'invention moderne:
Il y a même des nations entiéres qui ne
s'en fervent pas encor. Ie m'en raporte
cependant à la tradition, & je ne feray
pas le procez à ceux qui croyent que les
étriers qu'on voit à Payerne, ayent véritablement feruy à Iules Cefar.

Quoy qu'on trouve des antiquités
par toute la Suiffe on n'en trouve en aucun endroit plus qu'à

# GENEVE:

Le Temple, le College, les places
publiques, & les maifons particuliéres

en

en font remplies. Dans le Lac même, il y
a une efpece de rocher que ceux du pays
appellent, *la pierre à Niton* , qui fans
doute étoit un Autel dedié à Neptune:
Le trou qui refte au deffus, eft apparemment la place de l'Idole. On trouve fouvent à l'entour, des inftrumens de facri-
fice. Des pêcheurs qui plongeoient en
ce cartier-là, en raporterent il y a quelques annés un affez long couteau d'ai-
rain, qui étoit un efpece de *Seceffita* des
anciens Sacrificateurs, & tout cela joint
enfemble, en illuftre la penfée. Que dirois-je de Geneve que V. A. S. ne lache
pas , Elle connoît tous les interets du
monde , les liaifons & les démelez. Geneve fe tient plus à couvert aujoud'huy
qu'au fiecle paffé , des entreprifes de fes
ennemis : Elle a raifon d'établir particulierement fa feureté fur la protection
de nos Roys ; la Sageffe , la juftice , &
la Puiffance du grand Prince qui regne
la garantira de toutes fes craintes. Elle
ne neglige rien d'ailleurs, fon *Arfenal*
eft toûjours en bon état. On y montre
avec joye les dépoüilles des Savoyards
qui manquerent deux fois à la furpren-
dre. Ces recits funeftes ne m'acom-

modent

modent point , *Monseigneur* ; j'ayme mieux vous dire qu'on y voit des belles médailles. Le seul Monsieur *Turretin* m'en fit voir deux ou trois cent d'or, avec un médaillon de Valens , du même metail : Il n'y a que ceux à qui cette étude est familiére , qui en connoissent la rareté. La *Bibliotheque* est remplie de livres utiles & curieux. Monsieur *Sertori* qui en a soin , me fit remarquer dans le grand manuscrit de la Bible de la traduction de saint Ierôme , le titre de la premiere Epistre de saint Iean , *Incipit Epistola ad Spartos* : On presume que le copiste ayt manqué , & que pour *Spartos* , il y doive avoir ou *Sparsos* , comme saint Pierre adresse sa premiere , *Electis advenis dispersionis* , ou *Parthos* , puisque S. Augustin ( *l.2. de ses questions Evangeliques* 39. ) fait mention d'une Epitre de S. Iean *ad Parthos* , qui est la même que celle dont nous parlons , & qu'il cite 1. *Ioannis 3. Dilectissimi nunc Filij Dei sumus* , &c.

On ayme la Bible à Geneve , je n'en pouvois mieux finir le discours que par là. Ie finiray en même-tems mon *Postscriptum* , & ma lettre , priant tres hum-
blement

blement V. A. S. de ne me pas favoir
mauvais gré de leur longueur, il ne m'a
manqué que du tems pour les abreger.
Si Elle m'en pardonne les autres def-
fauts, j'auray plus de courage dans la
fuitte de luy offrir ce qui dependra de
moy. Ie fuis avec beaucoup de refpect.

*Monfeigneur*

De Vôtre Alteffe Sereniffime,

*Le tres-humble & tres-*
*obeïffant ferviteur*

De Bâle le 20.
Iuin 1673.

## CHARLES PATIN.

## PERMISSION.

IE consens pour le Roy, qu'il soit permis à IAQVES FAETON d'imprimer le livre intitulé *quatre Relations Historiques* par CHARLES PATIN Medecin de Paris, & que les deffences ordinaires luy soient accordées pour trois années, A Lyon le 26. Ianvier 1674.

## VAGINAY.

---

## CONSENTEMENT.

Soit fait suivant les Conclusions du Procureur du Roy, ce 12. Fevrier 1674.

## DE SEVE.

Oracle de l'enfant Sibilien fabuleuse.
Images
Tonneaux dans les Fortifications anciennes. ab3
Daurbach. Turris ad lacum.
Bacharach. Bacchi ara.
237. Paracelse.